Birgit Brandenburg

Lernwerkstatt
Wichtige Entdecker der Geschichte

Kurztexte / Aufgaben / Rätsel
Sinnerfassendes Lesen / Mit Lösungen

KOHL VERLAG
Der Verlag mit dem Baum
www.kohlverlag.de

Nutzen Sie unseren bequemen Onlineshop!

• Ausführliche Informationen
• Aussagekräftige Leseproben
• Schnäppchen & besondere Angebote

www.kohlverlag.de

Lernwerkstatt
„Wichtige Entdecker der Geschichte"

1. Auflage 2010

© Kohl-Verlag, Kerpen 2010
Alle Rechte vorbehalten.

Inhalt: Birgit Brandenburg
Grafik & Satz: Kohl-Verlag
Druck: farbo print und media, Köln

Bestell-Nr. 10 995

ISBN: 3-86632-995-4
ISBN-13: 978-3-86632-995-9

Inhaltsverzeichnis

Seiten

- **Vorwort** — 5 - 6
- **Arbeitspass** — 7
- **Kapitel I:** Was sind Entdecker? — 8
- **Kapitel II:** Christoph Kolumbus — 9 - 14
  - Die Suche nach dem Seeweg nach Indien
  - Geldgeber gesucht
- **Kapitel III:** Amerigo Vespucci — 15 - 18
  - Die Entdeckung der „Neuen Welt"
  - Streit um den wahren Entdecker Amerikas
- **Kapitel IV:** Howard Carter — 19 - 24
  - Carters Lebenstraum
  - Weltberühmtes Telegramm
  - Tutanchamuns Totenreich
- **Kapitel V:** Marco Polo — 25 - 30
  - Begehrter Werbeträger
  - Jobs beim Khan
  - Schäbiger Reichtum
  - Wahrheit oder Lüge?
- **Kapitel VI:** Andreas Sigismund Marggraf — 31 - 35
  - Eine süße Angelegenheit
  - Runkelrübe wird ein Star
  - Rübenzucker im Aufschwung
  - Der Zuckerhut
- **Kapitel VII:** Galileo Galilei — 36 - 40
  - Im freien Fall
  - Die Erde – das Zentrum der Erde?
  - Sie bewegt sich doch
  - Ärger für Galileo
  - Vor dem kirchlichen Gericht
- **Kapitel VIII:** James Cook — 41 - 47
  - James macht Karriere
  - In geheimer Mission
  - Fernweh
  - Öder Job
  - Vom Paradies zur Hölle

Inhaltsverzeichnis

Seiten

- **Kapitel IX:** **David Livingstone** — 48 - 50
  - *Arzt, Missionar, Entdecker*

- **Kapitel X:** **Fabian Gottlieb von Bellingshausen** — 51 - 52
  - *Russischer Auftrag*

- **Kapitel XI:** **Johann Gregor Mendel** — 53 - 57
  - *Erbsenzähler*
  - *Klein und groß*
  - *Rund, runzelig, gelb und grün*

- **Kapitel XII:** **Leif Eriksson** — 58 - 61
  - *Glücklicher Wikinger*
  - *Drei Raben*
  - *Nachruhm*

- **Kapitel XIII:** **Die Entdeckung des Feuers** — 62 - 64
  - *Schrecken der Menschen*
  - *Feuer verändert die Welt*
  - *Freund und Helfer*

- **Kapitel XIV:** **Die Lösungen** — 65 - 71

Vorwort

Einordnung der Lernwerkstatt *„Wichtige Entdecker der Geschichte"* in die Kernlehrpläne:

Die **Kernlehrpläne** für den Sachunterricht in der Grundschule und Geschichte in den weiterführenden Schulen weisen als **Schwerpunkte** Entdeckungen, Eroberungen, Weltvorstellungen und historische geographische Kenntnisse aus. Diesen Schwerpunkten wurde in dem vorliegenden Arbeitsheft mit vielfältigen Texten und dazu passenden Arbeitsaufgaben Rechnung getragen.

Mithilfe der Themen können die Schüler ihre **Sachkompetenz** erweitern, indem sie historische Geschehen, Strukturen und Personen zeitlich chronologisch in die Geschichte einordnen. An den Entdeckern lassen sich exemplarisch Lebensbedingungen, kulturelle Kontakte und Wertvorstellungen der jeweiligen Epochen festmachen. Die Schüler erkennen, dass die durch Entdeckungen und Eroberungen und die damit beginnende Kolonalisierung und als Folge die beginnenden wirtschaftlichen Verzweigungen Grundlage für die heutige Globalisierung der Wirtschaft sind. Die Themen der Werkstatt vermitteln die Vergangenheit und können vom Lehrer zu Fragen über die Gegenwart unter dem Aspekt der Gemeinsamkeit, aber auch historischer Differenz erweitert werden.

Zum Erwerb der Sachkompetenz erweitern die Schüler ihre **Methodenkompetenz**, indem sie Informationen in den Texten identifizieren, die für die gestellten Fragen und Arbeitsaufgaben relevant sind. Sie beschaffen sich teilweise selbst Informationen aus Büchern oder im Internet. Durch Nutzung von Geschichtskarten und Bildern gewinnen die Schüler weitere Informationen und erschließen sich historische Räume, lernen Legenden zu lesen und erschließen sich die zeitlichen Einordnungen. Anhand von Aufgabenstellungen bearbeiten sie historische Sachverhalte mit geeigneten sprachlichen Mitteln.

Die vorliegenden Texte und Aufgabenstellungen führen bei den Schülern zu einer Erweiterung der Urteilskompetenz. Sie analysieren, vergleichen und beurteilen das Handeln der Menschen im Kontext ihrer zeitgenössischen Wertvorstellungen, im Hinblick auf Interessenbezogenheit, beabsichtigten und unbeabsichtigten Nebenfolgen und vergleichen die historischen Ereignisse mit der heutigen Lebenswelt.

Bemerkungen zu der Lernwerkstatt

Diese Lernwerkstatt beginnt mit der Unterscheidung zwischen Entdecker und Erfinder. Sie wurde kurz und knapp gehalten und in Kästchenform übersichtlich angelegt. Anhand einer Aufgabenstellung sollen die Schüler nachweisen, ob sie die Unterscheidung verstanden haben. Für lernschwache Schüler kann der Lehrer gegebenenfalls noch weitere Beispiele nach der Definition sortieren lassen.

Vorwort

Die Kapitel können unabhängig voneinander bearbeitet werden, jedoch sollte das Arbeitsblatt mit der Darstellung der Unterscheidung zwischen Entdecker und Erfinder jedem Kapitel vorgeschaltet werden.

Aus dem flexiblen Einsatz der Kapitel ergeben sich folgende Möglichkeiten.

Sicherlich fallen dem erfahrenen Lehrer weitere Einsatzmöglichkeiten der Lernwerkstatt ein. An dieser Stelle sollen deshalb nur einige genannt werden.

- Sie kann als **ganze Werkstatt** im Unterricht eingesetzt werden, damit die Schüler einen gesamten Überblick über historische Epochen erhalten.

- Sie kann die **Seite mit der Unterscheidung zwischen Entdecker und Erfinder und zwei Kapitel** behandeln.

- Ein weiterer Einsatz wäre im **Wochenplan** möglich, indem der Lehrer Kapitel auswählt und in den Plan mit einbezieht.

- Auch in der **Freiarbeit** können sich die Schüler mit ausgewählten Kapiteln beschäftigen oder sogar im Laufe der Zeit die gesamte Werkstatt bearbeiten.

- Einzelne Kapitel können als **Mini-Referate** dienen. Jeweils eine Gruppe von Schülern bearbeitet ein Kapitel und stellt die Ergebnisse der Klasse vor. Auch so ergibt sich ein Gesamtüberblick über die wichtigsten Entdecker und ihre Epochen.

- Als **zusätzliche Hintergrund- oder Zusatzinformationen** zu anderen historischen Themen einer jeweiligen Epoche (Wirtschaftsverflechtungen, kulturelle Ereignisse, Lebensweise der Menschen, Ständegesellschaft, interkulturelle Kontakte und Einflüsse).

Viel Freude und Erfolg beim Einsatz der vorliegenden Kopiervorlagen wünschen Ihnen der Kohl-Verlag und

Birgit Brandenburg

Bedeutung der Symbole:

 Einzelarbeit EA

 Partnerarbeit PA

 Arbeiten in kleinen Gruppen

 Arbeiten mit der ganzen Gruppe

Arbeitspass

Name: _____ Klasse: _____

Seite	Thema	begonnen	erledigt

I. Was sind Entdecker?

Aufgabe 1: Kennst du den Unterschied zwischen einem **Entdecker** und einem **Erfinder**? Lies die folgenden Beschreibungen.

Der Entdecker

Er entdeckt etwas, was schon vorher da, aber bisher unbekannt war, zum Beispiel Inseln, Länder, Sterne, Tierrassen oder Pflanzen. Er teilt der Öffentlichkeit seine Entdeckungen mit.

Zur selben Zeit oder vorher oder nachher können auch andere Entdecker dieselbe Entdeckung machen.

Oft wird eine Entdeckung in späteren Zeiten von Wissenschaftlern noch weiter untersucht, um noch mehr daran zu entdecken.

Der Erfinder

Er erfindet etwas, was bisher noch nicht da gewesen ist, um damit praktisch ein Problem zu lösen.

Die Stoffe oder Gegenstände, aus denen seine Erfindung besteht, sind bekannt. Für seine Erfindung setzt er sie so verändert zusammen, dass sie etwas Neues ergeben.

Beispiele für Erfindungen sind: Impfstoffe gegen Krankheiten, ein Kran, um schwere Lasten zu heben, das Rad, um Lasten leichter fortzubewegen, den Buchdruck, um schneller Bücher zu vervielfältigen.

Aufgabe 2: Entscheide, ob es sich um eine Entdeckung oder um eine Erfindung handelt und kreuze <u>nur</u> die Entdeckungen an.

☐ Amerika ☐ Kochtopf ☐ Sternbilder ☐ Zentralheizung

☐ Lichtgeschwindigkeit ☐ Ägyptische Königsgräber ☐ Geschirr

☐ Australien ☐ Heilpflanzen ☐ Kartoffel ☐ Kerzenlicht

☐ Spiegel ☐ Messer ☐ Indianer ☐ Ötzi ☐ Fahrrad

Aufgabe 3: Sammelt gemeinsam die Namen bedeutender Entdecker an der Tafel oder auf einem Plakat. Fügt deren Entdeckungen hinzu.

II. Christoph Kolumbus

Die Suche nach dem Seeweg nach Indien

Christoph Kolumbus wurde als Sohn eines Webers geboren. Schon früh unternahm er Handelsreisen nach England. 1479 ließ er sich in Lissabon (Portugal) nieder und heiratete die Tochter eines portugiesischen Gouverneurs.

Gefährliche Warentransporte

Zu seiner Zeit waren Waren aus Indien in Europa sehr begehrt. Die teuren Transporte erfolgten mit Wagen über den Landweg. Die Reisen dauerten sehr lange und waren auch gefährlich. Oft wurden die Transporte überfallen und ausgeplündert.

Kolumbus Idee

Kolumbus hatte die Idee, die Waren mit dem Schiff zu transportieren. Doch ein Seeweg nach Indien war nicht bekannt. Kolumbus überlegte sich zwei Wege. Der eine Weg führte von Portugal um Afrika herum nach Indien.

Christoph Kolumbus wurde 1451 als Cristoforo Columbo in Genua (Italien) geboren. Sein Beruf war Seefahrer. Er starb 1506 in Valladolid (Spanien).

 Aufgabe 1:
EA

a) *Suche den von Kolumbus ausgewählten Seeweg auf dem Globus oder im Atlas.*

b) *Notiere einige Länder und Meere, an denen der Seeweg vorbeiführt.*

_____

_____

_____

Auf dem zweiten Weg wollte Kolumbus in entgegengesetzter Richtung über den Atlantik segeln. Er stellte sich vor, auf diesem Weg die Welt zu umsegeln und so auch Indien von der anderen Seite zu erreichen.

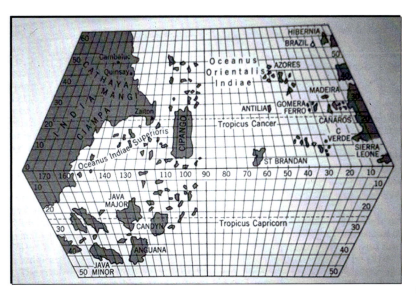

II. Christoph Kolumbus

Aufgabe 2:   a) Sucht den zweiten von Kolumbus ausgewählten Seeweg auf dem Globus oder im Atlas.

PA

b) Seht euch die auf Seite 9 abgebildete Karte an, nach der sich Kolumbus den zweiten Weg finden wollte.

c) Welchen Denkfehler machte Kolumbus?

_____

_____

Geldgeber gesucht

Christoph Kolumbus entschied sich für den zweiten Weg über den Atlantik. Doch zuvor musste er Geldgeber auftreiben, die seine Reise finanzierten.

Königin Isabella I

1484 suchte er den portugiesischen König Johann II. auf. Doch der war an Kolumbus Plänen nicht interessiert, denn er hielt Kolumbus Berechnungen für falsch. Mit seinem Sohn machte Kolumbus sich nach Spanien zu Königin Isabella auf. Doch auch hier hatte er kein Glück. Nachdem Kolumbus fünf Jahre auf eine Entscheidung Königin Isabellas gewartet hatte, reiste er mit seinen Plänen zum König nach Frankreich. Kurz vor Ende der Reise erreichte ihn ein Bote Königin Isabellas. Sie war bereit, seine Reise nach Indien zu finanzieren.

Aufgabe 3:   Warum benötigte Christoph Kolumbus für den Weg über den Atlantik wohl viel Geld? Was musste alles angeschafft und bezahlt werden? Macht euch Gedanken und schreibt eure Ergebnisse hier auf:

PA

_____

_____

_____

_____

II. Christoph Kolumbus

Aufgabe 4: *Fülle den Steckbrief zu Christoph Kolumbus aus.*

EA

Name: _____

Geburtsjahr: _____

Geburtsort und -land: _____

Beruf des Vaters: _____

Sterbejahr: _____

Sterbeort und -land: _____

Beruf: _____

Letzter Wohnort: _____

Idee: _____

Geldgeber: _____

Am 3. August 1492 segelte Kolumbus vom spanischen Hafen Palos de la Frontera mit seinem Flaggschiff Santa Maria, den Begleitschiffen Pinta und Nina und 90 Mann Besatzung los.

Aufgabe 5:

Male die Santa Maria bunt aus.

EA

Seite 11

II. Christoph Kolumbus

Schon am 3. Tag bekam Kolumbus Probleme. Der Schiffsmast der Pinta ging zu Bruch. Sie steuerten die *Kanarischen Inseln* an.

Einen ganzen Monat dauerte die Reparatur. Die Fahrt über den Atlantik konnte beginnen.

Aufgabe 6:

a) *Betrachte auf der Karte, in welchem Hafen Christoph Kolumbus gestartet war und an welchem Ort die Pinta repariert wurde.*

b) *Markiere diese Orte in der Karte und schreibe deren Namen hinzu.*

Die Fahrt dauerte sehr lange. Als die Matrosen Kolumbus mit Gewalt aufforderten, nach Spanien umzukehren, kam endlich Land in Sicht. Am 12. Oktober 1492 sah die Besatzung endlich Land. Sie erreichten eine kleine Insel der Bahamas. Kolumbus nannte sie San Salvador (Heiliger Retter). Die Inselbewohner nannte er Indianer. Die Mannschaften füllten die Vorräte auf. Sie segelten nach Kuba.

Aufgabe 7:

Zeichne die Reiseroute in die Karte ein.

II. Christoph Kolumbus

Aufgabe 8: Wie lange dauerte die Fahrt von **Palos de la Frontera** nach **San Salvador**?

_____

Kurz vor der Küste geriet das Flaggschiff Santa Maria auf Grund. Aus den Holztrümmern des Schiffes errichteten die Mannschaften die erste spanische Siedlung. Sie war auch die erste in Amerika. Am 25. Dezember 1492 war die Siedlung fertig und Kolumbus nannte sie La Navidad (Weihnachten). Am 16. Januar 1493 traten die Nina und Pinta die Heimreise an. Am 15. März 1493 legten sie im Hafen von Spanien an.

Aufgabe 9: Beantworte die folgenden Fragen in vollständigen Sätzen.

a) In welchem Land glaubte Christoph Kolumbus sich nach der Seereise zu befinden?

_____

b) Wie nannte er die Ureinwohner? Warum gab er ihnen gerade diesen Namen?

_____

c) Was geschah mit seinem Flaggschiff Santa Maria?

_____

d) Was geschah mit den Trümmern des Schiffes?

_____

e) Wie lange benötigten sie für die Rückfahrt nach Spanien?

_____

Seite 13

II. Christoph Kolumbus

Königin Isabell wartete schon ungeduldig auf Christoph Kolumbus Rückkehr. Sie hoffte auf viele tolle exotische Dinge und vor allem darauf, dass Kolumbus Gold in „Indien" gefunden habe. Doch sie wurde bitter enttäuscht, denn Kolumbus hatte in der Tat viele neue exotische Dinge, aber kein Gold von seiner langen Reise mitgebracht.

Königin Isabella I

Aufgabe 10: Finde heraus, welche fünf Dinge Kolumbus statt Gold mitbrachte. Markiere sie und schreibe sie rechts heraus.

A	F	F	G	T	Z	U	I	L	O
P	P	A	P	A	G	E	I	E	N
F	H	T	Z	O	P	L	E	T	S
N	M	K	O	L	S	A	D	C	F
A	N	I	N	D	I	A	N	E	R
D	H	U	O	I	L	X	B	T	Z
K	A	F	F	U	Z	T	R	E	P
K	A	R	T	O	F	F	E	L	N
L	S	A	X	Q	B	V	C	U	J
A	L	K	O	R	A	L	L	E	N
F	R	U	E	C	H	T	E	T	T

_____

_____

_____

_____

_____

Kolumbus machte später noch weitere Seereisen nach Amerika. Bis zu seinem Tod hat er nie erfahren, dass es nicht der Seeweg nach Indien war, sondern dass er einen neuen Kontinent entdeckt hatte.

Christoph Kolumbus

Aufgabe 11: Recherchiert, welche Bedeutung die Kartoffel in der Zeit nach Christoph Kolumbus für die Menschen in Europa bekam.

III. Amerigo Vespucci

Die Entdeckung der „Neuen Welt"

Amerigo Vespucci erblickte wahrscheinlich am 9. März 1451 (die Historiker streiten darüber, ob es 1451 oder 1454 war) in Florenz das Licht der Welt. Während seines Berufslebens war er Kaufmann, Navigator und Seefahrer. Heute ist er überwiegend als Entdecker bekannt.

Wie sein Name verrät, wurde nach ihm der Kontinent Amerika benannt. Doch wie kommt das? War es nicht Christoph Kolumbus, der Amerika entdeckte?

Der ursprüngliche Entdecker des Kontinents Amerika war wohl auch Kolumbus. Allerdings wollte er einen Seeweg nach Indien finden und landete auf den Amerika vorgelagerten Inseln – aber nicht auf dem eigentlichen Kontinent! Da Kolumbus glaubte, er wäre in Indien, nannte er die Menschen dort Indianer, die Inseln bekamen den Namen „Westindische Inseln". Erst später wurde Kolumbus Irrtum entdeckt.

Vespucci unternahm Expeditionen nach Südamerika. Dort erforschte er intensiv das Festland, also die Ostküste Südamerikas sehr genau. Schließlich kam ihm eine fantastische Idee – er war überzeugt, dass die „Neue Welt" ein ganz eigener Kontinent sei. Damit lag Vespucci genau richtig! Er hatte als Erster erkannt, dass die Westindischen Inseln sowie Süd- und Nordamerika einen eigenständigen Kontinent bilden und damit die Erde wesentlich größer ist, als bis dahin angenommen.

Amerigo Vespucci wurde am 9. März 1451 in Florenz (Italien) geboren.

Seine Berufe waren Kaufmann, Navigator und Seefahrer.

Vespucci starb am 22. Februar 1512 in Sevilla (Spanien).

Aufgabe 1: Beantworte die folgenden Fragen und trage die Lösungen in das Kreuzworträtsel ein. Die grau hinterlegten Kästchen ergeben, in die richtige Reihenfolge gebracht, ein Lösungswort.

EA

Ü = UE

a) Wo wurde Vespucci geboren?
b) Seefahrer war einer seiner ... .
c) Als was ist Vespucci heute bekannt?
d) Wem gab er seinen Namen?
e) Wo erforschte Vespucci das Land?
f) Als was erkannte Vespucci die Westindischen Inseln sowie Süd- und Nordamerika?

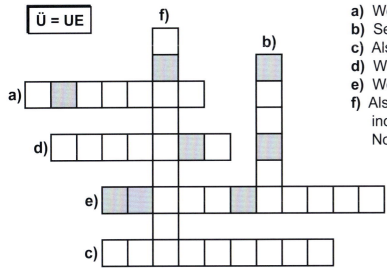

Lösungswort: _____

III. Amerigo Vespucci

Aufgabe 2: Erkläre mit deinen eigenen Worten, welchem Irrtum Kolumbus unterlag und was Vespucci klar erkannte.

EA

Aufgabe 3: Schreibt einen Reisebericht aus der Sicht Vespuccis, in dem enthalten ist, was er in Südamerika so alles entdeckte. Dazu müsst ihr wissen, dass Vespucci den Orten, die er entdeckte, während seiner Fahrten Namen gab. So zum Beispiel war der Fluss des Januars „Rio de Janeiro".

PA

III. Amerigo Vespucci

Streit um den wahren Entdecker Amerikas

Vespucci berichtete seinem Arbeitgeber Lorenzo Pietro de Medici, ein Mitglied der reichsten und mächtigsten Bankiersfamilie, in Briefen nach Florenz von seiner Entdeckung eines neuen Kontinentes. Nach seinen angeblich 4 Expeditionen gab man dem neuen Kontinent den Namen Amerika.

Um den Streit, wer denn nun wirklich Amerika entdeckt habe, gab es sogar ein Gerichtsurteil! Die Enkel von Kolumbus hatten geklagt und die Entdeckung Amerikas für Kolumbus beansprucht. Richtig ist dies eigentlich schon, obwohl Kolumbus ja der Meinung gewesen war, die Inseln westlich von Indien entdeckt zu haben und ein Leben lang der Meinung blieb, vor Indien gestrandet zu sein.

Lorenzo Pietro de Medici

Erst Vespucci erkannte, dass es sich um einen ganz neuen Kontinent handeln muss. Daher ist die Namensgebung nach Vespucci bestimmt gerechtfertigt.

Aufgabe 4: Wer war Lorenzo Pietro de Medici und welche Rolle spielte er?

Aufgabe 5: Früher nannte man die Karibischen Inseln die „Westindischen Inseln". Damit wurden die Bahamas sowie die großen und kleinen Antillen gemeint. Wieso?

Aufgabe 6: Wer ist denn nun der wahre Entdecker Amerikas? Vespucci oder Kolumbus? Oder haben vielleicht beide Anteil daran? Erläutere. Schreibe auf die Blattrückseite oder in dein Heft/in deinen Ordner.

III. Amerigo Vespucci

In seinen zahlreichen Briefen an Lorenzo Pietro de Medici erzählte Vespucci von seinen Expeditionen. Von 1499 bis 1500 fand seine erste Expedition statt. Damals glaubte er noch, in Asien zu sein. Erst auf seiner 2. Expedition (1501-1502) verstand er, dass es sich hier um einen ganz neuen Kontinent handelte.

Angeblich soll Vespucci vier Reisen unternommen haben, es sind allerdings nur diese zwei Reisen historisch belegt.

Nach seinen Aufzeichnungen wurden Karten angefertigt, die ihm ebenfalls zu Ruhm verhalfen und sehr lange Gültigkeit haben sollten, bis sie korrigiert wurden. Vespucci starb am 22. Februar 1512 in der spanischen Stadt Sevilla.

Aufgabe 7: a) *Wann fanden die zwei belegten Reisen Vespuccis statt?*

→ _____

→ _____

b) *Was wurde nach seinen Aufzeichnungen und Expeditionen angefertigt?*

_____

c) *Wann und wo starb Amerigo Vespucci?*

_____

Aufgabe 8: *Finde in der Buchstabenwand 9 Begriffe, die etwas mit dem Entdecker Amerikas zu tun haben. Markiere sie mit einem Textmarker.*

F	E	D	U	I	K	I	A	M	E	R	I	G	O	B	E	M	D	W	B	F
H	V	E	S	P	U	C	C	I	B	E	D	F	L	O	R	E	N	Z	R	E
E	R	S	P	A	N	I	E	N	K	I	O	W	S	A	F	D	J	E	I	D
V	E	S	T	G	I	K	O	R	E	X	P	E	D	I	T	I	O	N	E	N
S	E	E	F	A	H	R	E	R	B	E	S	D	O	K	P	C	G	E	F	I
G	S	U	E	D	A	M	E	R	I	K	A	B	F	E	Z	I	H	Z	E	K

Seite 18

IV. Howard Carter

Carters Lebenstraum

Als 17-Jähriger reiste Howard Carter zum ersten Mal nach Ägypten. Er wird als Zeichner bei Archäologen angestellt. Das ist ihm zu langweilig und er beteiligt sich an den Ausgrabungen.

Aufgabe 1: Suche Ägypten auf dem Globus oder im Atlas.
EA

Aufgabe 2: Beantworte die folgenden Fragen in vollständigen Sätzen.
EA

a) Wie heißt der größte Fluss Afrikas?

_____

b) Wie heißt die Hauptstadt Ägyptens?

Howard Carter wurde am 9. Mai 1874 in Kensington (England) geboren. Sein Beruf war Archäologe.

Ein Archäologe gräbt Gebäude und Gräber aus dem Erdboden aus, die viele tausend Jahre alt sind.

Howard Carter starb am 2. März 1939 in London (England).

c) Aus welchem Boden besteht die überwiegende Fläche in Ägypten?

_____

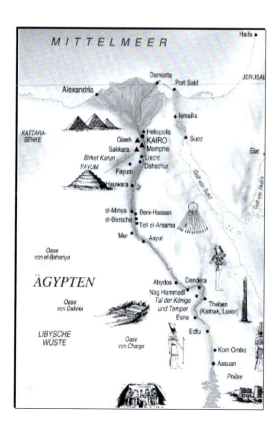

Howard Carter kennt das Tal der Könige, in dem über 30 Grabanlagen entdeckt worden sind. Jedes Grab bestand aus mehreren Räumen, in denen Beigaben für die toten Könige verwahrt wurden. In Ägypten nannte man einen König Pharao. Doch die meisten Gräber waren schon von Dieben ausgeplündert.

Aufgabe 3: Suche in der Karte das Tal der Könige und markiere es.
EA

Seite 19

IV. Howard Carter

Aber Howard Carter hatte einen Traum. Er wollte das unentdeckte Grab des Pharaos *Tutanchamun* finden.

Aufgabe 4: *Beantworte die folgenden Fragen in vollständigen Sätzen mithilfe von Lexika oder dem Internet.*

EA

a) Wann wurde der Pharao geboren und wann starb er?

b) Wie alt wurde Tutanchamun?

c) Was bedeutet die Abkürzung v. Chr.?

d) Wie lange regierte Tutanchamun?

Howard Carter suchte einen Geldgeber für seinen Lebenstraum, schließlich mussten viele Hilfskräfte bezahlt werden. Und den fand er in dem reichen Lord Carnarvon. Der Lord langweilte sich. Er fand die Ausgrabungen einen tollen Zeitvertreib und hoffte auf ein paar wertvolle Trophäen. Sieben Jahre grub Carter nach dem Grab des Pharaos Tutanchamun – ohne Erfolg. Carter schrieb an Lord Carnarvon:

„Sechs ganze Winter hindurch haben wir im Tal gegraben und Jahr für Jahr eine Niete gezogen. Wie niederdrückend das sein kann, weiß nur ein Ausgräber."

1922 reiste Lord Carnarvon nach Ägypten. Er wollte Carter nicht mehr mit Geld unterstützen. Doch Carter überredete den Lord schließlich.

IV. Howard Carter

Aufgabe 5: Schreibe einen ausführlichen Dialog zwischen Howard Carter und Lord Carnavon in dem Carter den Lord um weitere finanzielle Unterstützung bittet.

Howard Carter: _____

Lord Carnarvon: _____

Howard Carter: _____

Lord Carnarvon: _____

Howard Carter: _____

Lord Carnarvon: _____

Howard Carter: _____

Lord Carnarvon: _____

Howard Carter: _____

Lord Carnarvon: _____

Howard Carter: _____

Lord Carnarvon: _____

Howard Carter: „Ich weiß, dass es das Grab gibt. Ich spüre es. Ich versuche es das letzte Mal, es zu finden."

Lord Carnarvon: _____

Aufgabe 6: Lord Carnarvon schreibt in sein Tagebuch. Nach dem Gespräch mit Howard Carter hofft er wertvolle Dinge zu finden. Verfasse den Tagebucheintrag in deinem Heft/Ordner.

IV. Howard Carter

Weltberühmtes Telegramm

Am 6. November 1922 schickte Howard Carter ein Telegramm an Lord Carnarvon, das später weltberühmt wurde:

> **+++ Telegramm +++**
>
> habe wunderbare entdeckung im tal gemacht – stop – ein großartiges grab mit unversehrten siegeln – stop – bis zu ihrer ankunft alles wieder zugedeckt – stop – gratuliere – stop
>
> carter

Aufgabe 7: Heute hätte Howard Carter sicherlich eine etwas ausführlichere E-Mail an den Lord geschickt. Schreibe eine E-Mail nach deiner Idee.

EA

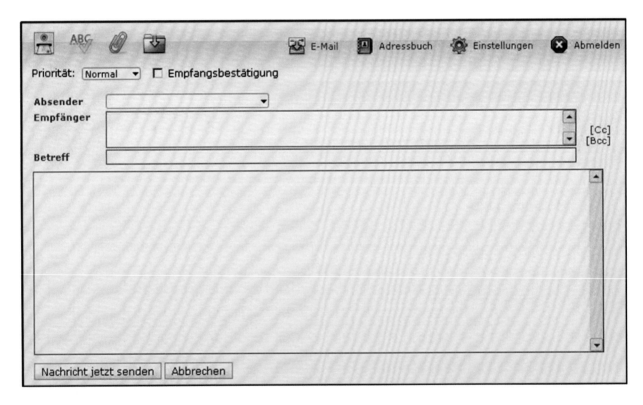

Das Grab des Pharao Tutanchamun befand sich genau an der Stelle, die Carter auf seiner Karte eingezeichnet hatte. Warum hatten die Grabräuber es nicht gefunden? Das Grab Tutanchamuns lag unter dem Grab eines späteren Pharaos.

Zwei Wochen später kam Lord Carnarvon nach Ägypten und die Öffnung des Grabes konnte beginnen.

IV. Howard Carter

Tutanchamuns Totenreich

PA

Aufgabe 8: *Lies deinem Tischnachbarn den folgenden Bericht vor. Dein Partner verfolgt das Vorgelesene mithilfe des Grundrisses. Tauscht anschließend die Rollen.*

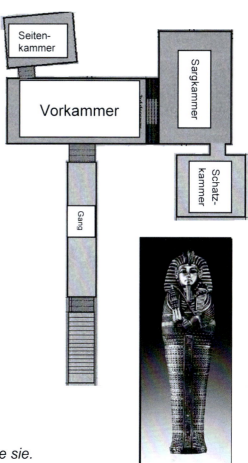

Das Ausgrabungsteam ging über eine *Treppe* mit 16 Stufen zur ersten versiegelten Tür. Es gelangte in einen langen *Gang* zu einer zweiten versiegelten Tür. Dahinter befand sich die *Vorkammer* mit den Grabbeigaben.

Endlich gelangte das Ausgrabungsteam durch eine weitere versiegelte Tür in die Sargkammer. Der Sarg wog 110 kg und war aus Gold. Heute hätte er einen Wert von 1,3 Millionen Euro.

EA

Aufgabe 9: *Finde 14 Grabbeigaben und markiere sie. Schreibe sie unten heraus.*

L	I	E	G	E	N	F	U	S	T	R	U	H	E	N	Q	R	B	R	O	T
A	D	G	O	L	D	S	C	H	M	U	C	K	X	S	T	Ü	H	L	E	Y
K	F	I	G	U	R	E	N	L	D	P	O	R	U	D	E	R	I	C	D	A
S	P	I	E	L	B	R	E	T	T	E	R	H	O	S	P	F	E	I	L	E
L	E	S	A	N	D	A	L	E	N	S	A	T	R	O	M	P	E	T	E	Y
S	A	L	B	E	N	X	S	C	H	W	E	R	T	V	H	O	C	K	E	R

IV. Howard Carter

Aufgabe 10:   a) *Howard Carter war sehr glücklich über den Fund. Was hat er abends in sein Tagebuch eingetragen? Schreibe weiter.*

b) *So wunderbar sah die Totenmaske des Pharaos Tutanchamuns aus. Male sie nach deiner Vorstellung an.*

„Es ist der Tag der Tage, so wunderbar, wie ich ihn noch nie erlebt habe. Mein erstes Gefühl ...

V. Marco Polo

Begehrter Werbeträger

Herrenmode, Reisebüros, Routenplaner, Reiseführer und Wohnmobile tragen heute seinen Namen – Marco Polo.

Marco Polo ist bis heute der berühmteste Reisende durch die Mongolei und China.

Das mongolische Großreich reichte von China bis in den Irak und im Norden bis nach Russland hinein.

Marco Polo wurde am 15. September 1254 in Venedig geboren.

Sein Beruf war Kaufmann.

Am 8. Januar 1324 starb er in Venedig.

 Aufgabe 1: a) Suche im Atlas die heutige Mongolei.

b) Suche das ungefähre Gebiet der Mongolei zurzeit Marco Polos.

Kublai Khan

Sein Vater *Nicolo* und sein Onkel *Maffeo* kamen 1269 aus der Mongolei zurück nach Venedig. Sie hatten ihren Handel mit wertvollen Waren in der Mongolei angekurbelt und dabei den Herrscher *Kublai Khan* kennen gelernt.

Die Familie Polo entdeckte in Asien Dinge, die damals sehr wertvoll waren. Die Reichen in Europa zahlten gerne die hohen Preise.

 Aufgabe 2: *Was brachten die Polos von ihrer Reise mit? Setze die Silben zusammen und schreibe die zusammengesetzten Begriffe unten auf.*

bein – den – El – fe – fen – fer – Gold – Ing – kat –
ken – Mus – Nel – Pfef – Sei – schmuck – stof – wer

_____ _____ _____ _____

_____ _____ _____

Seite 25

V. Marco Polo

1271 reisten Vater und Onkel Polo wieder in die Mongolei. Dieses Mal nahmen sie Marco mit. Die Reise ging zu Fuß durch die Türkei, den Iran, Afghanistan und Kashgar. 1275 nach 12.000 km Reiseweg erreichten sie den Hof des mongolischen Herrschers Kublai Khan in Khanbalik (Peking).

Aufgabe 3: *Beantworte die folgenden Fragen in vollständigen Sätzen.*

EA

a) Wie alt war Marco bei der Abreise?

 _____

b) Wie lange dauerte die Reise zu Fuß?

_____

c) Zeichne den Reiseweg mit rotem Filzstift in der Karte nach.

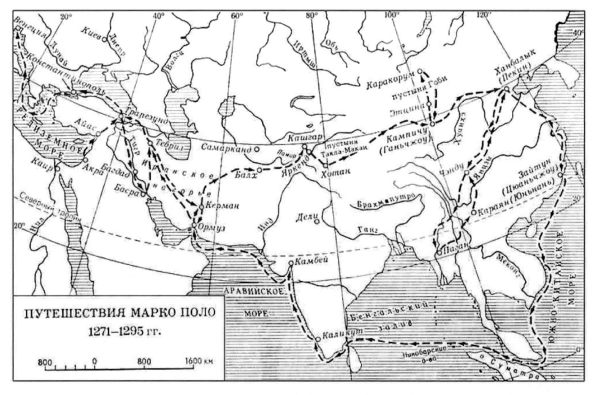

V. Marco Polo

Jobs beim Khan

Egal, wohin Marco, sein Vater und sein Onkel auf ihrer Reise kamen, sie wurden bereits erwartet. Kublai Khan besaß eine ganze Truppe von Eilboten, die die Botschaft von der Ankunft der Polos immer ein oder zwei Tage vorher ankündigten.

Als die Polos dann kurz vor Peking waren, schickte ihnen der Khan sogar eine Eskorte entgegen, die die Polos begrüßte.

Aufgabe 4: *Sieh dir das Bild rechts genau an. Marco steht vor Kublai Khan. Der Khan bietet Marco einen Job als Kurier an. Schreibe einen kurzen Dialog.*

Khan: _____

Marco: _____

Khan: _____

Marco: _____

Khan: _____

Marco: _____

Khan: _____

Marco: _____

Khan: _____

Marco: _____

Khan: _____

Marco: _____

Seite 27

V. Marco Polo

Schäbiger Reichtum

Marco Polo bereiste im Dienst des Kublai Khan das Reich und die Nachbarländer. Er sah die reichsten Städte der Welt, in denen Handel mit wertvollen Gewürzen und Seidenstoffen selbstverständlich war. Marco lernte den Buchdruck, das Papiergeld, den Tee und das Porzellan kennen. Das alles gab es in Europa noch nicht.

Nach etwa 24 Jahren wollten die Italiener dann doch wieder nach Hause zurückkehren. Sie waren durch ihre vielen Reisen und den Handel in Asien reich geworden. Der Kublai Khan überhäufte sie zum Abschied noch mit Geschenken und gab ihnen auch drei für die Rückreise wichtige goldene Täfelchen mit.

Die Rückreise traten Marco Polo, sein Vater und sein Onkel mit dem Schiff an. Über ihre Ankunft in Venedig wird eine Geschichte erzählt. Manche behaupten, sie sei wahr – andere meinen, sie sei nie so passiert:

Als sie 1295 nach Venedig zurückkehrten, erkannten ihre Familien sie nicht mehr. Marco, sein Vater und sein Onkel waren in Lumpen gekleidet und rochen nicht besonders gut. Ihre Familien gingen mit ihnen nach Hause und glaubten, die drei Asienreisenden hätten bei ihren Handelsgeschäften keinen Erfolg gehabt. Viel schlimmer – sie hätten auch noch alles Geld verloren. Doch zu Hause gab es eine Überraschung. Vor den versammelten Verwandten rissen die drei die Säume ihrer Kleidung auf und jede Menge Edelsteine, Perlen und Goldschmuck fiel auf den Boden. Sie hatten sich durch das unauffällige äußere Erscheinungsbild vor Dieben geschützt.

Aufgabe 5: Wozu dienten wohl die goldenen Täfelchen? Notiere deine Vermutung.

Aufgabe 6: a) Nimm noch einmal die Karte vom Arbeitsblatt auf Seite 26 und zeichne den Rückweg mit blauem Filzstift nach.

b) Vergleiche die Karte mit einer Karte aus dem Atlas und notiere einige Länder, an denen ihr Weg vorbei- oder hindurchführte.

V. Marco Polo

Aufgabe 7: *Was meint ihr zur Geschichte über die Rückkehr Marco Polos in Venedig? Wahr oder nicht wahr?*

Wahrheit oder Lüge?

Nachdem Marco Polo 1295 wieder nach Venedig zurückgekommen war, nahm er an einer Seeschlacht teil und geriet in Gefangenschaft.

Im Gefängnis begann er Berichte über seine Reisen in Asien zu schreiben. Doch die Leute glaubten seinen Reiseberichten nicht. Heute wird immer noch untersucht, ob Marco wirklich in Asien war. Bis heute gibt es immer noch Zweifel, ob er die Reise wirklich unternommen hat oder seine Berichte ein Schwindel sind.

Aufgabe 8: *Vergleiche die Argumente der Leute, die Marcos Reiseberichte für wahr halten mit denen der Leute, die diese Berichte für Schwindel halten.*

Argumente gegen Marco Polo	Argumente für Marco Polo
Er beschrieb keine Chinesische Mauer, das Wahrzeichen Chinas, auch nicht den Tee, kein Papiergeld, nicht den Buchdruck.	Die Chinesische Mauer wurde erst in der Zeit zwischen 1368 und 1644 gebaut, also Jahrhunderte nach Marco Polos Reise.
Er ist viel im Land herumgereist. In seinen Berichten fehlen aber wichtige Dinge, z.B. die chinesischen Schriftzeichen.	Marco beschrieb nur, was ihn interessierte. Er sah das Land mit den Augen eines Kaufmanns, nicht mit denen eines Touristen.
Seine Reiseberichte sind in andere Sprachen übersetzt worden. Dabei wurden Übersetzungsfehler gemacht und Beschreibungen weggelassen.	Es gibt heute 78 Übersetzungen von Marco Polos Reisberichten in andere Sprachen, die im Text alle unterschiedlich ausfallen.

Nach seiner Entlassung aus dem Gefängnis kehrte Marco Polo erneut nach Venedig zurück. Er war nach all den Jahren müde und abgekämpft, daher unternahm er auch keine Reisen mehr. Er starb 1324 in Venedig als angesehener Mann. Dennoch gab und gibt es nach wie vor viele Zweifler, die seinen Geschichten keinen Glauben schenken wollen.

V. Marco Polo

Aufgabe 9: War Marco Polo wirklich in Asien? Bilde dir hier deine eigene Meinung und notiere sie.

EA

Aufgabe 10: Löse das folgende Rätsel. Die Buchstaben in den grauen Kästchen ergeben ein Lösungswort.

EA

a) ein Gewürz

b) auf dem Kontinent reiste Marco

c) Beruf von Marco

d) in das Land reiste Marco

e) Land des Kublain Khan

f) Marcos Nachname

g) Name von Marcos Vater

h) ein Gewürz

i) Name von Marcos Onkel

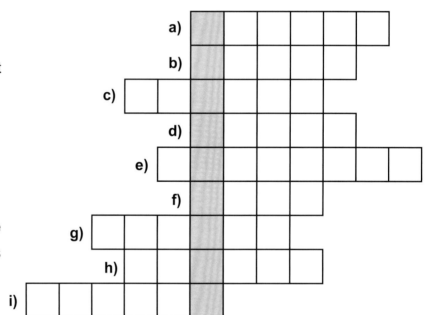

Lösungswort:

Aufgabe 11: Setze die Silben richtig zusammen, es entsteht ein Satz über Marco Polo.

EA

sen – tur – lo – we – Mar – Asi – Han – Po – kul – co – ent – die – en – ge – Asi – sei – durch – ne – deck – te – Rei – Hoch – dels – nach – und – ens

VI. Andreas Sigismund Marggraf

Eine süße Angelegenheit

Was wäre das Leben ohne Süßigkeiten? Wenn es den Zucker nicht gäbe, gäbe es auch keine Süßigkeiten.

Zucker ist heute überall und preiswert im Supermarkt zu bekommen. Das war nicht immer so.

In Asien gab es eine Pflanze, die man Zuckerrohr nannte. Das Zuckerrohr wurde geschnitten und zu Rohrzucker verarbeitet. Händler und Kreuzfahrer brachten den Zucker vor 900 Jahren nach Europa. Hier wurde er mit Gold aufgewogen. Nur reiche Leute konnten sich den Rohrzucker leisten.

Andreas Sigismund Marggraf wurde am 3. März 1709 in Berlin geboren.

Sein Beruf war Chemiker.

Er starb am 7. August 1782 in Berlin.

Aufgabe 1: a) *Warum war der Zucker in Europa so teuer? Notiert eure Überlegungen.*

b) *Warum konnte man in Europa kein Zuckerrohr anpflanzen? Notiert eure Überlegungen.*

Christoph Kolumbus hatte 1492 Amerika entdeckt. Auf seiner zweiten Reise führte er das Zuckerrohr dort ein. Er wusste, dass das Klima zum Wachstum hier besonders gut war. Europäische Siedler legten Plantagen (Felder) an.

Seite 31

VI. Andreas Sigismund Marggraf

1503 wurden die ersten Sklaven für die Arbeit auf den Zuckerrohrplantagen nach Amerika gebracht. Sie bekamen keinen Lohn und schlechtes Essen.

Mit dem Rohrzucker verdienten die Plantagenbesitzer viel Geld. Der Zuckermarkt wurde immer größer und warf immer mehr Verdienst ab. Die Zukunft des Rohrzuckers schien gesichert. Doch dann erschien ein Mann auf dem Plan, der den Plantagenbesitzern einen Strich durch die Rechnung machte.

Aufgabe 2:

a) *Wer erledigte die Arbeit auf den Zuckerrohrplantagen in Amerika?*

b) *Wieso verdienten die Plantagenbesitzer mit Rohrzucker so viel Geld?*

c) *Der Rohrzucker war jetzt in Europa nicht mehr ganz so teuer. Woran lag das? Notiert eure Überlegungen.*

d) *Was könnte den Plantagenbesitzern einen Strich durch die Rechnung gemacht haben? Notiert eure Vermutungen.*

VI. Andreas Sigismund Marggraf

Runkelrübe wird ein Star

Andreas Sigismund Marggraf war der Sohn einer Apothekerfamilie. Er wurde Chemiker und fand heraus, dass man aus Pflanzen, deren Teile süßlich schmeckten, Zucker gewinnen kann.

1747 machte er eine wichtige Entdeckung. Von allen Pflanzen, die er zur Zuckergewinnung benutzte, konnte er aus der Runkelrübe den meisten Zucker gewinnen. Seine Untersuchungen ergaben, dass der Zucker aus der Rübe genau dem Zucker aus dem Zuckerrohr glich. Andreas Sigismund Marggraf stellte seine Entdeckung der Akademie vor.

Aufgabe 3: a) *Fülle den Lückentext mit den folgenden Begriffen.*

EA

> zubereitet – einige – Gedanken – Gegenden – Pflanzen – Salz – süßen – Versuchen – Zucker – Zuckerrohr

„So kam ich gelegentlich auf den _____, auch die Teile verschiedener _____, welche einen _____ Geschmack besitzen, zu erforschen und nach vielen _____, welche ich angestellt habe, fand ich, dass _____ dieser Pflanzen, nicht nur ein dem _____ ähnlichen Stoff, sondern in der Tat wirklichen Zucker enthalten, der dem bekannten aus _____ gewonnenen genau gleicht. Aus den hier dargelegten Versuchen geht klar hervor, dass dieses süße _____ in unserer Heimat gerade so _____ werden kann, wie in den _____, wo das Zuckerrohr wächst."

b) *Lies den Text nun noch einmal aufmerksam durch.*

Eine vom König eingesetzte Untersuchungskommission bestätigte die Entdeckung Marggrafs. Sie schrieb an den König, dass die Fabrikation des Zuckers aus Runkelrüben für den gesamten Staat nützlich sei.

Seite 33

VI. Andreas Sigismund Marggraf

 Aufgabe 4: Du gehörst zu der Untersuchungskommission und schreibst den Brief an den König.

Durchlauchtigste Majestät,

Rübenzucker im Aufschwung

 Leider konnte Andreas Sigismund Marggraf nicht mehr miterleben, wie wichtig seine Entdeckung für die Zuckerindustrie war. Er starb 1782. Sein Schüler Franz Karl Achard setzte Marggrafs Untersuchungen fort. Er züchtete aus der Runkelrübe eine Zuckerrübe, aus der sich noch mehr Zucker gewinnen ließ.

1800 kaufte der Staat Preußen noch 10 Millionen Pfund Rohrzucker im Jahr und bezahlte dafür 1,9 Millionen Reichstaler. Die einheimische Zuckerproduktion wurde angekurbelt. 1802 entstand in Preußen die erste Zuckerrübenfabrik der Welt.  In nur kurzer Zeit wurden weitere 200 Fabriken gebaut. Bis heute wird der Bedarf an Zucker in Europa vor allem aus Zuckerrüben gedeckt.

 Aufgabe 5: Wie viel musste Preußen im Jahre 1800 umgerechnet in Euro bezahlen? (1 Taler = 10 Euro)

VI. Andreas Sigismund Marggraf

Der Zuckerhut

Die Perser entwickelten vor 1300 Jahren den Zuckerhut aus Rohrzucker. Die Form des Zuckerhutes ist bis heute erhalten geblieben.

Die Perser gaben heißen Zuckerrohrsaft in ein kegelförmiges Gefäß mit einem Loch in der Spitze. Durch das Loch lief der nicht zuckerhaltige Sirup ab. Der Sirup im Kegel bildete feste Zuckerkristalle. Dann drehten sie den Kegel um und der fertige Zuckerhut fiel heraus.

Das Bild zeigt die Zuckerhutherstellung vor 100 Jahren.

Aufgabe 6: *Beantworte die folgenden Fragen in vollständigen Sätzen.*

EA

a) Wer brachte den Rohrzucker vor 900 Jahren nach Europa?

b) Wer brachte das Zuckerrohr nach Amerika?

c) Wer arbeitete ohne Lohn auf den Zuckerrohrplantagen?

d) Wer entdeckte den Zucker in der Runkelrübe?

e) Wann begann die industrielle Verwertung der Zuckerrübe?

f) Womit deckt man heute den Zuckerbedarf in Europa?

VII. Galileo Galilei

Im freien Fall

Galileo Galilei studierte Medizin und Mathematik. Schon im Alter von 25 Jahren wurde er Professor der Mathematik an der Universität von Pisa.

Vier Jahre später wechselte er als Professor der Mathematik an die Universität von Padua. Die 18 Jahre in Padua waren die erfolgreichste Zeit seines Lebens.

In Padua machte er Versuche, wie sich Gegenstände im freien Fall, beim Werfen oder Pendeln verhalten. Aus seinen Beobachtungen formulierte er die Fall-, Wurf- und Pendelgesetze.

Galileo Galilei wurde 1564 in Pisa (Italien) geboren.

Sein Beruf war Mathematiker, Astronom und Physiker.

Er starb am 8. Januar 1642 bei Florenz (Italien).

Aufgabe 1: **a)** *Stellt das von Galilei durchgeführte Experiment in Gruppen nach.*

Ihr benötigt:
- Stuhl
- volle Streichholzschachtel
- Papierstück (2x2 cm)

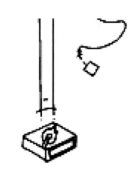

Was fällt schneller zu Boden – die volle Streichholzschachtel oder das Papierstück?

Seid ihr sicher? Probiert es aus.

Steige auf den Stuhl und nimm die Streichholzschachtel in die eine Hand und das Papierstück in die andere Hand. Lasse beides gleichzeitig fallen.

Natürlich fällt die volle Streichholzschachtel schneller zu Boden als das Papierstück.

b) *Lest die möglichen Begründungen, warum die Streichholzschachtel schneller zu Boden fällt. Kreuzt die nach eurer Meinung richtigen Gründe an.*

- ☐ Sie ist schwer.
- ☐ Die Erde zieht sie an.
- ☐ Sie ist dicker.
- ☐ Sie fliegt im Windschatten.
- ☐ Sie durchschneidet die Luft schneller.
- ☐ Die Streichhölzer ziehen nach unten.
- ☐ Der Luftwiderstand ist geringer.
- ☐ Sie dreht sich in der Luft.

VII. Galileo Galilei

Aufgabe 2: *Diskutiert folgende Fragen.*

    a) Welchen Trick kann man anwenden, damit beide Gegenstände gleich schnell fallen?

    b) Was passiert, wenn du beide Gegenstände in einem luftleeren Raum fallen lässt?

Das Papierstück war auf dem Weg zum Boden einem größeren Luftwiderstand ausgesetzt als die Streichholzschachtel. Dadurch fiel es langsamer.

Aufgabe 3: *Mit einem Trick könnt ihr erreichen, dass beide gleich schnell zu Boden fallen. Probiert es aus!*

    a) Legt das Papierstück auf die Streichholzschachtel.

    b) Steigt auf den Stuhl und lasst die Streichholzschachtel fallen.

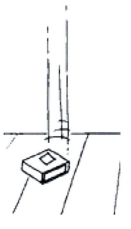

Aufgabe 4: *Findet eine Erklärung, warum beide gleich schnell zu Boden fallen. Notiert eure Überlegungen.*

Zu Galileo Galileis Zeiten konnte man noch kein Vakuum herstellen. Aber Galileo vermutete: *„Ich glaube, dass, wenn man den Widerstand der Luft ganz aufhöbe, alle Körper ganz gleich schnell fallen würden."*

VII. Galileo Galilei

Aufgabe 5: Was passiert, wenn ihr beide Gegenstände in einem LUFTLEEREN Raum (Vakuum) fallen lasst? Notiert eure Überlegungen.

_____
_____
_____

Die Erde – das Zentrum der Welt?

Galileo Galilei hörte von einem Gerücht, dass in Holland ein Fernrohr erfunden worden sei. Damit sei es möglich, den Mond und die Planeten genauer zu betrachten.

1609 baute Galileo einfach selbst ein Fernrohr. Damit entdeckte er, dass sich die Erde und alle anderen Planeten um die Sonne drehen. Das war eine Sensation.

1400 Jahre vor Galileo lebte der griechische Mathematiker und Astronom Ptolemäus. Er beobachte den Lauf der Planeten ohne Fernrohr und fand dabei heraus, dass sich angeblich alle Planeten, auch die Sonne, um die Erde drehen.

Aufgabe 6: Was hatte Ptolemäus über den Lauf der Planeten herausgefunden? Notiere.

_____
_____
_____
_____
_____

Aufgabe 7: Warum wollte Galileo Galilei ein eigenes Fernrohr haben?

_____
_____

Seite 38

VII. Galileo Galilei

Sie bewegt sich doch

100 Jahre vor Galileo entdeckte der Astronom Nikolaus Kopernikus (1473-1543), dass sich die Erde um die Sonne dreht. Doch auch er hatte kein Fernrohr, mit dem er seine Erkenntnis hätte beweisen können.

Das gelang erst Galileo mithilfe seines selbstgebauten Fernrohrs. Er konnte zeigen, dass sich alle Planeten um die Sonne drehen.

EA

Aufgabe 8:
- Sieh dir die Karte zu den Planeten unseres Sonnensystems an.
- Beantworte die Fragen in vollständigen Sätzen auf der Blattrückseite oder in deinem Heft/Ordner.

1 = Sonne
2 = Merkur
3 = Venus
4 = Erde
5 = Mars
6 = Asteroidengürtel
7 = Jupiter
8 = Saturn
9 = Uranus
10 = Neptun
11 = Pluto
12 = Kuipergürtel
13 = Oortsche Wolke

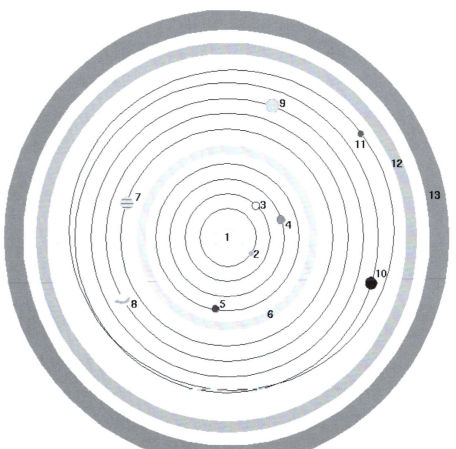

a) Welcher Planet bewegt sich nicht?
b) Welcher Planet liegt der Sonne am nächsten?
c) Welche Planeten liegen zwischen Sonne und Erde?
d) Welcher Planet hat die längste Laufbahn um die Sonne?
e) Welcher Planet hat die kürzeste Laufbahn um die Sonne?
f) Welche Planeten kommen sich in Teilen ihrer Laufbahn sehr nahe?

VII. Galileo Galilei

Ärger für Galileo

Galileo Galileis Entdeckung, dass sich die Erde um die Sonne dreht, erregte großes Aufsehen. Galileo schrieb seine Erkenntnisse in einem Buch nieder.

Aber Galileo musste vorsichtig sein. Die Katholische Kirche hatte zu Galileos Zeit viel Macht und sie glaubte an die Erkenntnisse von Ptolemäus:

„Die Erde ist das Zentrum der Welt und alle Planeten bewegen sich um die Erde."

Eine andere Meinung ließ die Kirche nicht gelten. Wer etwas anderes behauptete, kam vor das kirchliche Gericht, die Inquisition.

Galileo beschrieb seine neue Entdeckung als Streitgespräch zwischen zwei Wissenschaftlern. Der eine vertrat die Meinung von *Ptolemäus*, der andere die neuen Erkenntnisse von *Galileo*.

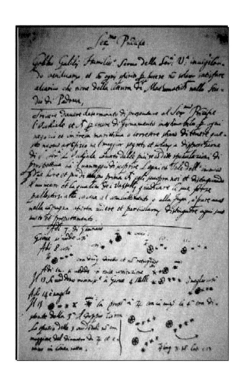

Aufgabe 9: *Schreibe das Streitgespräch zwischen Wissenschaftler P (Erde steht fest) und Wissenschaftler G (Erde bewegt sich) nach deiner Idee. Schreibe auf die Blattrückseite oder in dein Heft/in deinen Ordner.*

P: _____

G: _____

P: _____

Vor dem kirchlichen Gericht

Trotzdem musste Galileo Galilei vor das kirchliche Gericht. Um nicht in große Schwierigkeiten zu geraten, musste er seine neuen Erkenntnisse als unwahr darstellen.

Doch am Ende der Gerichtssitzung murmelte Galilei trotzig: „Und sie bewegt sich doch."

Erst 1992 wurde Galileos Ansehen von der Katholischen Kirche wiederhergestellt und seine Erkenntnisse anerkannt.

Galileo vor der Inquisition

VIII. James Cook

James macht Karriere

James Cook wurde als Sohn eines schottischen Tagelöhners geboren. Zuliebe seines Vaters arbeitete er in einem Gemischtwarenladen. Doch im Alter von 18 Jahren ging James zur See.

Nachdem er auf einem Kohlentransportschiff gefahren war, wechselte er zur Royal Navy, der königlichen Kriegsmarine.

Wegen seines Fleißes wurde James sehr schnell befördert. Jeden Abend studierte er die Sternbilder. Sternbilder waren für die Seeleute damals zur Orientierung in der Nacht wichtig, denn es gab noch keine Radaranlagen für Schiffe.

James Cook wurde am 24. Oktober 1728 in England geboren.

Sein Beruf war Seefahrer und Entdecker.

Am 14. Feburar 1779 wurde James Cook auf Hawaii ermordet.

Aufgabe 1: Suche die Sternbilder aus der Liste auf der Karte des Sternenhimmels und zeichne sie nach.

Kleiner Wagen
Waage - Rabe
Zwillinge - Leier
Jagdhunde
Drache - Herkules
Schwan - Eidechse
Großer Wagen
Skorpion - Luchs
Nördliche Krone

Aufgabe 2: Erkläre mit deinen eigenen Worten, warum es für Seefahrer zur Zeit von James Cook so wichtig war, die Sterne zu kennen.

VIII. James Cook

Bald war James Cook der beste Landkartenzeichner. Einige seiner Landkarten waren so gut, dass sie erst 200 Jahre später neu gezeichnet werden mussten.

1756 bekam James sein erstes Kommando über ein kleines Schiff. Ein Jahr später bestand er die Prüfung, um als Kapitän den Befehl über große Segelschiffe zu haben.

Aufgabe 3: a) Wie alt war James Cook, als er Kapitän für große Segelschiffe wurde?

b) Welche herausragende Fähigkeit hatte James Cook?

In geheimer Mission

1768 sollte James Cook eine Expedition in die Südsee nach Tahiti unternehmen. Wissenschaftler sollten auf Tahiti die Entfernung zwischen Erde und Sonne bestimmen. Doch James Cook erhielt noch einen geheimen Auftrag: Er sollte den unbekannten Südkontinent „terra australis" finden. Für die viele Ausrüstung der Wissenschaftler brauchte James ein großes Schiff. Dafür wurde ein Kohlentransporter umgebaut. Das Schiff erhielt den Namen *Endeavour* (Unternehmen).

Auf Tahiti studierte James Cook die für Europäer fremde Tier- und Pflanzenwelt und die Kultur der Ureinwohner. Dann ging die Reise weiter und James Cook entdeckte *Neuseeland*. Er stellte fest, dass Neuseeland aus zwei Inseln bestand. Die Durchfahrt zwischen den Inseln wurde später nach ihrem Entdecker *Cookstraße* benannt. Cook fertigte eine genaue Karte von Neuseeland an.

Im Juni 1770 erreichte die Endeavour die Ostküste *Australiens*. Kurz zuvor war die Endeavour auf das größte Korallenriff der Erde, das *Great Barrier Reef*, aufgelaufen. Die Reparatur dauerte einen Monat. 1771 kehrte James Cook nach England zurück.

Aufgabe 4: a) Suche Tahiti auf dem Globus oder im Atlas.
b) Suche Neuseeland auf dem Globus oder im Atlas.
c) Warum wurde Cooks Expedition wohl geheim gehalten?

VIII. James Cook

Fernweh

Den unbekannten Südkontinent, den James Cook als Geheimauftrag finden sollte, gab es nicht.

In London bereitete man Cook einen großen Empfang. Jetzt hätte er seinen Ruhm in Ruhe genießen und sich um seine Familie kümmern können. Doch das war nichts für James Cook. Er hatte Fernweh und wollte wieder auf See. 1772 bewarb er sich für eine neue Expedition und wurde ausgewählt. Wieder ging die Reise in den Süden.

Aufgabe 5: *Fülle den Lückentext mit den folgenden Begriffen.*

> Beiboote – Bier – Kohlentransporter – Laune – Reise – Schiffe – Schiffsrumpf – Stauräume – Vieh – Vorräten – Wetter

James Cook brauchte neue _____, denn die Endeavour war nach der ersten _____ nicht mehr zu gebrauchen. Zwei _____ wurden umgebaut und Resolution (Entschlossenheit) und Adventure (Abenteuer) getauft. Die Schiffe verfügten über riesige _____, in denen Cook Unmengen an _____ unterbringen konnte: lebendes _____, salziges Fleisch, Sauerkraut und jede Menge _____ und für schlechtes _____ noch zusätzlich Rum für die Mannschaft. Cook wusste, wie er seine Männer bei _____ hielt. Dazu schleppten die Matrosen Ersatzmaterial in Massen in den _____, wissenschaftliche Instrumente und _____.

Auf dieser Reise fertigte James Cook wieder eine Menge neuer Landkarten mit neu entdeckten Inseln und Küsten an. Diese ersten Karten waren für die damalige Zeit von großer Bedeutung. 1775 kehrte James Cook schließlich mit seiner Mannschaft nach Plymouth zurück. Diese erfolgreiche zweite Reise machte James Cook zu einem gefragten und berühmten Helden in seiner Heimat.

VIII. James Cook

 Aufgabe 6: Verfolge Cooks erste Reiseroute auf der Karte. Vergleiche jede Station mit der Karte im Atlas.

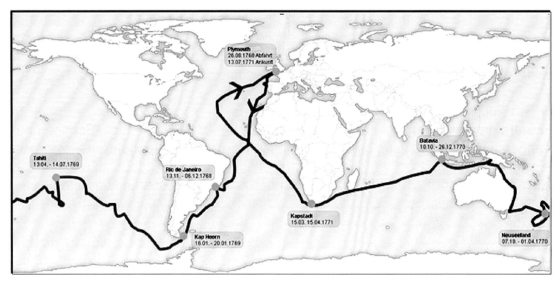

 Aufgabe 7: a) Vergleiche die Karte von Cooks zweiter Reise mit der Karte im Atlas.

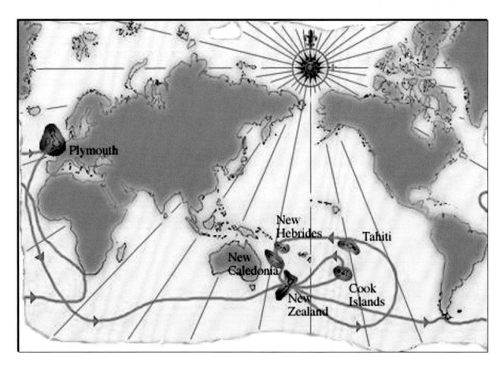

b) Notiere Inseln und anliegende Länder seiner Reiseroute

VIII. James Cook

Öder Job

James Cook wurde wieder ein großartiger Empfang in England bereitet. Cook bekam einen Job bei der Royal Navy in London mit 230 Pfund Jahresgehalt. Er hätte damit ausgesorgt und sich um seine Familie kümmern können. Doch die Arbeit am Schreibtisch ödete ihn an.

Im Juli 1776 ging er auf eine neue Expedition. Er sollte die Nordwestpassage erforschen. Das ist die Verbindung zwischen Atlantik und Pazifik hoch im Norden Amerikas. An dieser Aufgabe waren vor ihm schon viele Seefahrer gescheitert. James Cook segelte mit der Resolution und der Discovery los. Doch die Expedition stand unter einem schlechten Stern. Immer wieder herrschte Flaute. Cook kam kaum vom Fleck. Schnee und Eis zwangen ihn schließlich zur Umkehr. Grimmig fuhr er die Küste Nordamerikas entlang. Kein Durchkommen. Cook befahl, erst einmal nach Süden zu segeln. Im nächsten Sommer wolle er es noch einmal versuchen, schrieb er in einem Brief an die Heimat.

Nordwestpassage

Aufgabe 8: *Schreibe einen kurzen Brief nach deinen Ideen, den James Cook über das Scheitern der Reise durch die Nordwestpassage nach England geschrieben hätte.*

EA

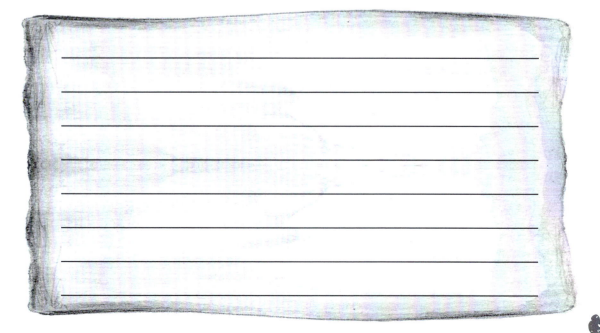

VIII. James Cook

Aufgabe 9: Verfolge die dritte Reiseroute von James Cook auf der Karte. An der Legende der Karte kannst du feststellen, welches Unglück auf der Reise passierte.

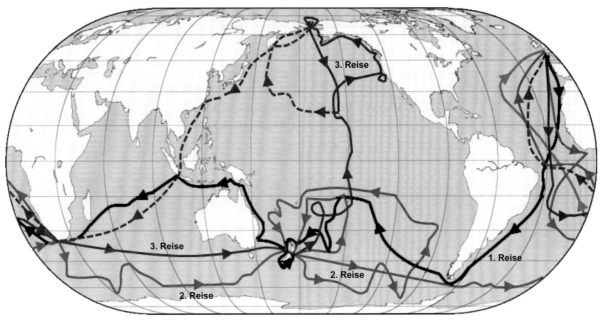

Quelle: Wikipedia; Urheber: Jon Platek.

- ■ 1. Reise „Endeavour", 1768-1771
- ■ 2. Reise „Resolution", „Adventure", 1772-1775
- ■ 3. Reise „Resolution", „Discovery", 1776-1780
- ■ ■ Fortsetzung der 3. Reise nach Cooks Tod auf Hawaii

Aufgabe 10: Notiere, welche Routen Cook auf seinen 3 Reisen nahm.

1. Reise: _____

2. Reise: _____

3. Reise: _____

Seite 46

VIII. James Cook

Vom Paradies zur Hölle

Nachdem James Cook die Nordwestpassage nicht befahren konnte, segelte er nach Süden. Die Schiffe landeten auf der Insel Hawaii. Die Einheimischen begrüßten die Engländer freundlich. Sie sahen in Cook einen zurückgekehrten Gott.

Nachdem die Schiffe Cooks repariert worden waren, ver-

ließen die Engländer Hawaii wieder. Eine Woche später musste Cook erneut auf Hawaii landen. Ein Mast der Resolution war gebrochen und musste an Land repariert werden.

Die Eingeborenen sahen Cook nun nicht mehr als Gott an, denn das Schiff eines Gottes erleidet keinen Mastbruch. Sie waren misstrauisch und bestahlen die Engländer. Es gab häufig Streit, die Auseinandersetzungen gewannen an Schärfe. Plötzlich fehlte ein Beiboot der Resolution. Cook und seine Mannschaft ruderten an Land und wollten versuchen, den König als Geisel zu nehmen, um das Boot wieder zurückzubekommen.

Aufgabe 11: *Schreibe einen spannenden Bericht zum Ausgang der Geschichte mithilfe der folgenden Stichwörter. Schreibe in dein Heft/in deinen Ordner.*

EA

> 14. Februar 1779 – Matrosen Waffen vergessen – Cook gibt Zeichen zum Angriff – Gemetzel beginnt – Cook winkt Verstärkung von Discovery herbei – Keulenschlag am Kopf – Eingeborene stürmen los – töten Cook – Verstärkung von Discovery – Pistolen – erschießen Einheimische – nehmen ihren toten Kapitän mit – Begräbnis auf Meer

Aufgabe 12: *Welche war die bedeutendste Entdeckung von James Cook?*

EA

IX. David Livingstone

Arzt, Missionar, Entdecker

David Livingstone arbeite als Kind zwölf Stunden täglich in einer Baumwollspinnerei. Doch er war ehrgeizig. Er besuchte eine Abendschule, ging zur Universität und wurde Arzt und Missionar.

1838 bewarb er sich bei der Londoner Missionsgesellschaft. 1840 schickte man ihn als Missionar nach Südafrika.

Von seinen 60 Lebensjahren verbrachte Livingstone die Hälfte in Afrika. Als Missionar hatte er wenig Erfolg, aber durch seine Erforschung der inneren Gebiete Afrikas wurde er der bekannteste Afrikaforscher.

Livingstone war der erste Europäer, der 1855 die Victoriafälle entdeckte. Er benannte sie nach der englischen König Victoria.

David Livingstone wurde am 19. März 1813 in Schottland geboren.

Seine Berufe waren Arzt und Missionar.

Er starb am 1. Mai 1873 in Afrika.

Aufgabe 1: a) *Suche Schottland und die Stadt Glasgow im Atlas.*

EA

b) *Suche im Atlas die Victoriafälle an der Grenze zwischen Simbabwe und Sambia.*

Die Eingeborenen nannten die Victoriafälle Donnernder Rauch, weil der Sprühnebel des Wassers 300 m aufsteigt und noch in 30 km Entfernung zu sehen ist. Das Wasser stürzt über eine Felswand in einer Breite von 1708 m und in einer Tiefe von 110 m nach unten. Während des Hochwassers fließen 10 000 m^3 Wasser pro Sekunde über die Felswand.

Aufgabe 2: *Erstellt gemeinsam eine kleine Präsentation zu den Victoriafällen. Erstellt dazu ein Plakat und recherchiert in verschiedenen Medien. Sammelt eure Ergebnisse und filtert die wichtigsten heraus.*

IX. David Livingstone

Aufgabe 3: *Fülle den Lückentext mit den folgenden Begriffen.*

Ferne – Frage – Lärm – Meilen – Minuten – Nordosten – Rauch (2x) – Rauchsäulen

Da dies die Stelle war, wo wir uns nach _____ wenden wollten, beschloss ich, am folgenden Tage die Viktoria-Fälle zu besuchen. Von diesen Fällen hatten wir oft gehört, seit wir in das Land gekommen waren. Sebituane richtete wirklich die _____ an uns: „Habt ihr _____ in eurem Lande, welcher tost?" Sie gingen nicht nahe genug, um sie zu untersuchen; sie blickten sie nur mit Staunen aus der _____ an und sagten in Bezug auf den Rauch und den _____ : „Hier tost Rauch". Nach zwanzig _____ Fahrt von Kalai aus sahen wir zum ersten Male die _____ , die sich in einer Entfernung von fünf bis sechs _____ erhoben, gerade wie wenn große Strecken Gras in Afrika angebrannt werden. Es stiegen fünf Säulen auf, deren Spitzen sich mit den Wolken zu vermischen schienen. Unten waren sie weiß, höher aber wurden sie dunkel, so dass sie fast wie _____ aussahen.

Aufgabe 4: *Schreibe einen Brief an einen guten Freund David Livingstones. Schreibe aus seiner Sicht über den grandiosen Anblick der großen Victoriafälle.*

IX. David Livingstone

Aufgabe 5:

EA
- Lies die Stationen einer jeden Expedition von Livingstone.
- Welche Strapazen und Schwierigkeiten wird der Entdecker auf seinen Expeditionen wohl auf sich genommen haben? Schreibe einen kurzen Bericht in dein Heft/in deinen Ordner.

Nachdem David Livingstone als Missionar wenig Erfolg hatte, beschloss er, das Innere Ostafrikas zu bereisen. Das hatte sich bisher kaum ein Mensch getraut.

1. Expedition 1849

Livingstone wanderte von Betschuanaland aus durch die Wüste Kalahari bis zum Ngamisee.

2. Expedition 1853-1856

Er wandert vom Oberlauf des Sambesi und den Victoriafällen zum Tschambesi. Von da aus ging er nach Quelimane.

Livingstone-Denkmal an den Victoriafällen

3. Expedition 1858-1864

Mit seinem Bruder Charles Livingstone startet er in Quelimane. Sie entdecken den Schirwa-See. Sie gehen am Nyassasee (heute Malawisee) entlang bis zum Rovumo-Fluss, an dessen Ufer sie eine Strecke weit aufwärts wandern.

4. Expedition 1866-1871

David Livingstone beginnt seine Expedition in Mikindani. Er wandert den Rovumo-Fluss hinauf bis zum Nyassasee. Im April 1867 gelangt er an das Südende des Tanganyikasees. Im April 1868 gelangte Livingstone an den Mwerusee. Er reiste weiter nach Süden und entdeckte den Bangweolosee. Von da gelangte er nach Norden nach Kawele am Tanganyikasee. Hier hielt er sich mehrere Monate auf und erforschte das Umland.

5. Expedition 1871-1873

Vom Nordende des Tanganyikasees wanderte Livingstone am Ostufer des Sees entlang bis zum Südende. Er ging um die östliche Hälfte des Bangweolosees. Hier stirbt er am 1. Mai 1873 in Itala.

David Livingstone sagte immer: „Mein Herz ist in Afrika". Deshalb hat man sein Herz unter einem Baum begraben.

Seinen einbalsamierten Körper trugen zwei Bedienstete über 1500 km an die Ostküste Afrikas. Ein Schiff nahm den Körper auf und brachte ihn nach England. 1874 wurde er in der Westminster Abbey in London beigesetzt.

X. Fabian Gottlieb von Bellingshausen

Russischer Auftrag

Fabian von Bellingshausen wurde auf der estnischen Insel Saaremaa auf dem Landgut Lahhetagge geboren.

Schon mit 11 Jahren begann er eine militärische Laufbahn in der Kadettenschule von Kronstadt. Er machte schnell Karriere.

1796	erste Seereise nach England
1799	Eintritt in die russische Marine
1803-1806	nahm an der ersten russischen Weltumseglung auf dem Schiff Ivan Kruzeňstern teil
ab 1806	Kommandant verschiedener Schiffe

Fabian Gottlieb von Bellingshausen wurde am 20. September 1778 auf Saaremaa geboren.

Sein Beruf war Seefahrer.

Er starb am 13. Januar 1852 in Kronstadt.

EA

Aufgabe 1: *Informiert euch in verschiedenen Medien über die Antarktis und erstellt ein Infoplakat, das ihr aufhängt.*

EA

Aufgabe 2: a) *Fülle den Lückentext mit den folgenden Begriffen.*

> Antarktis – Entdecker – Expedition – Hinreise – Leiter – Pazifischen – Schiff – Tagen

1819 wollte der russische Zar Alexander I. eine Expedition zum Südpol schicken. Er machte Fabian von Bellingshausen zum _____ der Expedition. Im August brach von Bellingshausen mit seinem _____ *Wostock* von Kronstadt aus auf. Begleitet wurde er von dem Versorgungsschiff *Mirny*. Auf der _____ wurden Karten von den polynesischen Tuamotuinseln und den Macquarie-Inseln angefertigt. In den 750 _____ der Reise entdeckte die Expedition 29 neue Inseln im _____ und Atlantischen Ozean. Danach erreichte man die _____. Im August 1820 überquerte die Expedition als erste den 70. Breitengrad. Damit galt Fabian von Bellingshausen als _____ der Antarktis. 1821 entdeckte die _____ das Alexander-I.-Land und die Peter-I.-Insel. Im August kehrten die Schiffe nach Kronstadt zurück.

b) *Lies nun den Infotext noch einmal aufmerksam durch.*

X. Fabian Gottlieb von Bellingshausen

Nach seiner Rückkehr wurde von Bellingshausen zum Dank seiner herausragenden Leistungen zum Kapitän zur See befördert und zum Verbandschef in der Baltischen Flotte ernannt. 1831 erschien ein Buch über seine Antarktis-Expedition. 1843 wurde er zum Admiral ernannt.

Nach Fabian von Bellingshausen wurden viele geografische Orte benannt. Die meisten davon in der Antarktis, z.B. der Bellingshausensee im Südpolarmeer. Aber auch ein Stern und ein Mondkrater wurden nach ihm benannt.

Am 28. Januar 1820 erreichte und betrat er zum ersten Mal antarktischen Boden. Fabian von Bellingshausen umsegelte im Jahre 1820 die ganze Antarktis.

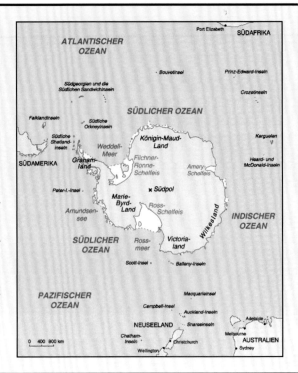

Aufgabe 3:   a) *In der Karte oben steht links unten eine Kilometeranzeige. Miss die Strecke von 800 km mit deinem Lineal.*

b) *Notiere, wie viele Zentimeter dein Lineal anzeigt.*

c) *Miss nun mit deinem Lineal den Weg um die Antarktis und rechne die Zentimeter in Kilometer um.*

EA

Fabian von Bellingshausen musste eine Stecke von ca. _____ km zurücklegen.

Aufgabe 4:   *Was weißt du über die Antarktis? Markiere mit einem Textmarker.*

EA

Die niedrigste Temperatur betrug ...	... -50°.	... -89°.	... -40°.
Hier herrscht das kälteste Kilma der Erde.	stimmt	stimmt nicht	vielleicht
Man nennt die Antarktis auch ...	... Eiskammer.	... Eisschrank.	... Eiswüste.
Das höchste Gebirge ist ...	... 4000 m hoch.	... 3000 m hoch.	... 5000 m hoch.
Die Eisdecke ist durchschnittlich ...	... 1000 m dick.	... 2000 m dick.	... 3000 m dick.
In der Antarktis gibt es keinen Sommer.	stimmt	stimmt nicht	vielleicht
Die stärkste Windgeschwindigkeit kann ...	... 300 km/h betragen.	... 100 km/h betragen.	... 50 km/h betragen.
Die Antarktis gehört zu keinem Land.	stimmt	stimmt nicht	vielleicht

XI. Johann Gregor Mendel

Erbsenzähler

Aufgabe 1: *Schreibe eine kurze Biographie von Johann Gregor Mendel mithilfe der Stichwörter und der Mindmap.*

Johann Gregor Mendel wurde am 22. Juli 1822 in Heinzendorf (heute: Hyncice/Tschechien) geboren.

Sein Beruf war Theologe und Naturwissenschaftler.

Er starb am 6. Januar 1884.

- Sohn einer Bauernfamilie
- Besuch des Gymnasiums
- Vater hatte 1838 schweren Arbeitsunfall – arbeitslos
- Eltern konnten Schulgeld nicht mehr bezahlen
- Mendel gab Nachhilfeunterricht, um Schulgeld bezahlen zu können
- Beendet trotz finanzieller Schwierigkeiten 1840 erfolgreich das Gymnasium
- Studium der Theologie 1843 an Universität Olmütz
- Eintritt ins Augustinerkloster bei Brünn
- Eintritt ins Kloster, um ohne finanzielle Sorgen zu forschen, erhielt den Namen Gregor
- 1851-1853 Studium der Naturwissenschaften an der Universität in Wien
- 1854 Lehrer für Physik und Naturlehre an der deutschen Oberrealschule in Brünn
- 1854-1864 Erforschung der Vererbung durch Kreuzung verschiedener Erbsensorten im Klostergarten und Aufstellung von drei Vererbungsregeln, erhielt von seinen Klosterbrüdern den Beinamen Erbsenzähler
- 1868 Wahl zum Abt des Klosters und Aufgabe seiner Forschungsarbeiten

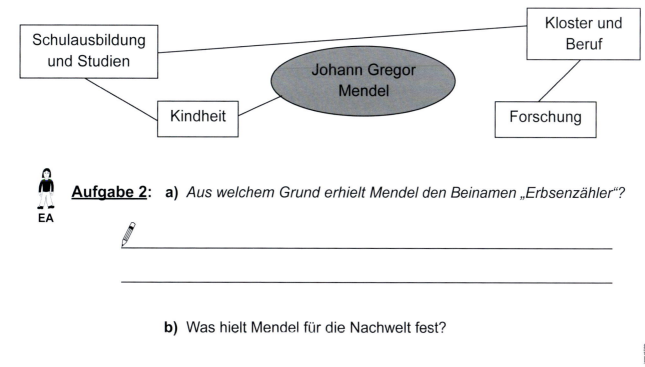

Aufgabe 2: a) *Aus welchem Grund erhielt Mendel den Beinamen „Erbsenzähler"?*

_____

_____

b) *Was hielt Mendel für die Nachwelt fest?*

_____

XI. Johann Gregor Mendel

Johann Gregor Mendel interessierte die Entstehung der vielen Pflanzenarten. Das war ein gefährliches Thema, denn die katholische Kirche sagte, dass es nur so viele Pflanzenarten gibt, wie Gott sie von Anfang an erschaffen hatte. Mendel fragte sich, ob die von Gott geschaffenen Pflanzenarten von Anbeginn unverändert geblieben sind. Seine Beobachtungen ließen ihn daran zweifeln. Er versuchte durch Kreuzungen von Erbsenpflanzen und Kreuzungen von Wunderblumen hinter das Geheimnis zu kommen.

Mendel zog pro Jahr ungefähr 4000-5000 Pflanzen auf einer 35 Meter langen und 7 Meter breiten Gartenfläche des Klostergartens auf.

Aufgabe 3: *Messt die Fläche auf dem Schulhof ab. Wie viel Platz hat jede der 5000 Pflanzen?*

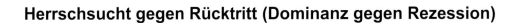

Herrschsucht gegen Rücktritt (Dominanz gegen Rezession)

Johan Gregor Mendel wählte für seine Erbsenkreuzung und Wunderblumenkreuzungen zuerst die Blütenfarbe.

Er kreuzte rotblühende und weißblühende Erbsenpflanzen.

Die Nachkommen bekamen jeweils die Hälfte der Erbanlagen (Gene) der Eltern. Dabei entdeckte Mendel, dass manche Erbanlagen vorherrschend (dominant) über andere waren. Manche Erbanlagen traten zurück (rezessiv).

Die rezessiven Erbanlagen waren zwar in den Nachkommen vorhanden, man sah sie aber an der Pflanze außen nicht. Die dominanten Erbanlagen konnte man auch außen an der Pflanze sehen.

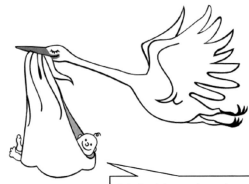

Mein Vater hat *braune* Augen. Braune Augenfarbe ist *dominant*.

Meine Mutter hat *blaue* Augen. Blaue Augenfarbe ist *rezessiv*.

Ich habe *braune* Augen. Aber ich habe die Erbanlagen für blaue Augen in mir.

XI. Johann Gregor Mendel

Aufgabe 4: *Gregor Mendel kreuzte eine reinerbige rotblühende und eine reinerbige weißblühende Wunderblume. Nimm rote und weiße Knetkügelchen für jede Erbanlage und lege sie in die Felder des Rasters.*

INFO:

Die rotblühende Wunderblume trägt die beiden Erbanlagen RR (dominant).

Die weißblühende Wunderblume trägt die beiden Erbanlagen WW (dominant).

Jedes Elternteil gibt eine Erbanlage an die Nachkommen weiter.

Die dominanten Farbe Rot und Weiß vermischen sich.

Vermische die Knetkugeln in jedem Feld.

	RR
WW	

Aus dem Ergebnis seiner Forschung bei reinerbigen Pflanzen fand Gregor Mendel eine 1. Regel (Uniformitätsregel) in der Vererbung:

1. Mendelsche Regel:

Werden zwei reinerbige Eltern gekreuzt, die sich in einem Merkmal (z.B. Blütenfarbe) oder mehreren Merkmalen (z.B. Blütenfarbe und Größe) unterscheiden, sind alle Nachkommen gleich (uniform).

Aufgabe 5: *Versuche die folgenden Fälle zu lösen.*

a) Ein Elternteil trägt rot-weiße Erbanlagen in sich (RW), ein Elternteil nur weiße Erbanlagen (WW). Wie könnten die Nachkommen aussehen?

b) Ein Elternteil trägt rot-weiße Erbanlagen in sich, das andere auch. Wie könnten die Nachkommen aussehen?

	RR
WW	

	RR
WW	

XI. Johann Gregor Mendel

Klein und groß

Gregor Mendel machte Kreuzungsversuche mit großen Pflanzen. Die Erbanlage für Größe ist dominant. Beide Pflanzen waren mischerbig, da sie die Erbanlage für kleine Größe (rezessiv) in den Erbanlagen trugen.

Aufgabe 6:
EA
- Gregor Mendel kreuzte zwei mischerbig große Pflanzen miteinander.
- Nimm große und kleine Knetkügelchen für jede Erbanlage und lege sie in die Felder des Rasters.
- Schreibe dazu, ob die Pflanze äußerlich groß oder klein ist.
- TIPP: Denke an die Wirkungsweise von DOMINANTEN und REZESSIVEN Erbanlagen.

INFO:

Beide Pflanzen waren groß (G). Beide trugen die Erbanlage klein (k) in sich.

Jede Pflanze hatte die Erbanlagen (Gk).

Jedes Elternteil gibt zwei Erbanlagen (G und k) an die Nachkommen weiter.

Hat ein Nachkommen zwei gleiche rezessive Erbanlagen, sind sie auch äußerlich zu sehen.

	G K	
G	GG	KG
K	KG	KK

Aufgabe 7: Beantworte die folgenden Fragen auf der Blattrückseite.
EA

a) Konnte Mendel zwei kleine Pflanzen züchten?

b) Wie sind die anderen Pflanzen?

Nach seinen Kreuzungsversuchen kam Mendel zu seiner **2. Regel der Vererbung**:

Wenn man zwei mischerbige Pflanzen miteinander kreuzt, so entstehen drei äußerlich gleiche und eine äußerlich andere Pflanze. Die 2. Regel nannte Mendel Spaltungsregel.

Nach seinen ersten beiden Regeln kam Gregor Mendel zu dem Schluss, dass es einen Ort in jeder Pflanze geben muss, wo diese dominanten und rezessiven Erbanlagen liegen müssen. Erst später kam der Begriff „Gene" für diese Orte auf. Gregor Mendel hat diese Gene beschrieben, ohne sie untersuchen zu können. Er kam allein durch praktische Versuche auf den Gedanken.

XI. Johann Gregor Mendel

Rund, runzelig, gelb und grün

Gregor Mendel wollte grüne und runzelige Erbsen züchten.

Aufgabe 8:
- Gregor Mendel kreuzte eine <u>runde gelbe</u> Erbsensorte mit einer <u>runzeligen grünen</u> Erbsensorte.
- Nimm gelbe und grüne Knetkügelchen für jede Erbanlage und lege sie in die Felder des Rasters. Schreibe dazu, wie die Erbse aussieht.
- <u>TIPP</u>: Denke an die Wirkungsweise von DOMINANTEN und REZESSIVEN Erbanlagen.
- Wie sahen die Ergebnisse seiner Kreuzungen aus?

INFO:

Die runde gelbe Erbsensorte trägt die beiden Erbanlagen RRGG (dominant).

Die runzelige grüne Erbsensorte trägt die beiden Erbanlagen rrgg (rezessiv).

Jedes Elternteil gibt zwei Erbanlagen (RG und rg) an die Nachkommen weiter.

Hat ein Nachkommen zwei gleiche rezessive Erbanlagen, sind sie auch äußerlich zu sehen.

	RG	Rg	rG	rg
RG	____Erbse	____Erbse	____Erbse	____Erbse
Rg	____Erbse	____Erbse	____Erbse	____Erbse
rG	____Erbse	____Erbse	____Erbse	____Erbse
rg	____Erbse	____Erbse	____Erbse	____Erbse

Nach seinen Kreuzungsversuchen kam Mendel zu seiner **3. Regel der Vererbung**:

Wenn sich die Eltern in mehreren Merkmalen voneinander unterscheiden, kombinieren sich die Erbanlage in den Nachkommen unabhängig voneinander, aber immer nach der 1. Regel (Uniformitätsgesetz) und der 2. Regel (Spaltungsregel) der Vererbung.

XII. Leif Eriksson

Glücklicher Wikinger

Wann genau Leif Eriksson geboren wurde, weiß man nicht. Fest steht, dass er zwischen 970 und 980, also vor über 1000 Jahren geboren wurde.

Leif war der Sohn von Erik. Leifs Nachname Eriksson bedeutet *Sohn des Erik*. Später erhielt Leif den Zusatznamen *Der Glückliche*.

Leif Eriksson wurde um 975 auf Island geboren.

Sein Beruf war Seefahrer.

Er starb um 1020.

Aufgabe 1: Suche Leifs Geburtsort Island auf der Karte im Atlas oder auf dem Globus.

EA

Aufgabe 2: Fülle den Lückentext mit den folgenden Begriffen.

EA

> Beklagte – Familie – Gesetze – Island – Küsten – Strafe – Streit – Totschlag – Vater – Wikinger

Leif gehörte zu den Wikingern, ein Volk, das entlang der europäischen _____ auf Eroberungs- und Beutezüge ging. Die _____ waren untereinander nicht zimperlich. Es gab _____ und Blutfehden. Ihre _____ waren sehr hart. Der *Thing* war die Gerichtsversammlung, die als _____ häufig die Verbannung aussprach. Der _____ musste dann das Land verlassen. Auf einem Thing geriet Leifs _____ *Erik der Rote* mit einem Mann in einen _____ und tötete ihn. Erik wurde für 3 Jahre aus _____ verbannt. Erik segelte mit seiner _____ nach Grönland und baute sich ein neues Haus.

Aufgabe 3: Suche Grönland im Atlas oder auf dem Globus.

EA

XII. Leif Eriksson

Als Leif 20 Jahre alt war, begab er sich mit lediglich 35 Männern auf eine wagemutige Reise. Leif hatte von einem neuen Land im Westen über den Atlantik gehört und wollte es finden. Er segelte mit seiner Mannschaft von Grönland in einem Langboot los. Die Länge des Bootes betrug 30 m und die Breite 6 m. Der Mast ragte 9 m in die Höhe. Das Langboot war flach und brauchte nur 80 cm Wasser unter dem Kiel. Das war ein enormer Vorteil, denn wegen der geringen Tiefe im Wasser ließ sich das Boot auf den Strand ziehen und auf Baumstämmen rollend über Land transportieren.

Leif kam zuerst nach Labrador. Er nannte es Steinland. Dann segelte er nach Neufundland, das er Vinland (Vinland hit goda = das gute Weinland) nannte. Leif war von seinen Entdeckungen positiv überrascht. Im ersten Frühling kehrte Leif mit seiner Mannschaft zurück nach Grönland. Ihr Schiff war schwer mit Holz und Wein beladen.

Erst 500 Jahre später landete Christoph Kolumbus in Amerika. Ihn bezeichnet man heute als Entdecker Amerikas, aber der eigentliche Entdecker war Leif Eriksson.

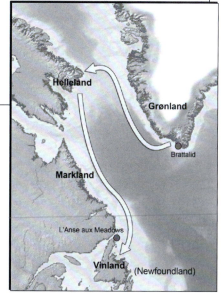

Aufgabe 4: Verfolge Leifs Reise mithilfe der Karte im Atlas oder auf dem Globus.

Aufgabe 5: Finde die fünf Dinge aus dem Rätsel, die Leif und seine Männer in solchen Mengen noch nie gesehen hatten.

G	D	R	E	V	S	O	K	P	L	A	D	E	G	Z	U
H	I	Z	U	B	I	R	K	E	N	W	Ä	L	D	E	R
K	G	G	E	D	I	K	O	P	L	S	R	H	F	W	G
E	R	F	E	D	Z	I	K	O	H	L	D	E	R	E	E
D	A	H	O	R	N	W	Ä	L	D	E	R	D	E	I	D
T	S	G	E	D	Z	I	P	L	S	E	V	F	T	N	R
U	S	E	D	F	L	U	S	S	L	A	C	H	S	E	I

Seite 59

XII. Leif Eriksson

Aufgabe 6: a) Warum zog Leif mit seinen 35 Männern los?

b) Was war ein wichtiger Vorteil eines Langbootes?

c) Was entdeckte Leif Eriksson?

Drei Raben

Wie bestimmten die Wikinger ihren Kurs über den Atlantik?

Ein Wikinger folgte einer ungefähren Beschreibung von einer Insel im Nordwesten. Er nahm drei Raben mit an Bord und segelte mit seiner Mannschaft von den Färöerinseln los.

Nach einem Tag auf See ließ er einen Raben fliegen. Der flog in Richtung der Färöerinseln zurück.

Am 2. Tag ließ er den nächsten Raben fliegen. Der flog hoch und kam auf das Schiff zurück.

Am 3. Tag ließ er wieder einen Raben fliegen. Der flog in Richtung Nordwesten davon. Die Wikinger folgten dem Kurs des Raben und gelangten zu der Insel Island.

Aufgabe 7: Erkläre das Verhalten der drei Raben. Notiere deine Ideen.

XII. Leif Eriksson

Nachruhm

Leifs Entdeckung von Nordamerika wurde in den nachfolgenden über 1000 Jahren von vielen Ländern auf Briefmarken gewürdigt.

Aufgabe 8: Findet heraus, aus welchen Ländern die Briefmarken stammen. Notiert.

PA

Hinweis: Auf der 3. Umschlagseite befinden sich diese Abbildungen in Farbe.

XIII. Die Entdeckung des Feuers

Schrecken der Menschen

Das Feuer ist für uns heute etwas ganz Normales. Wir denken nicht mehr darüber nach, wer oder wann das Feuer entdeckt wurde.

Für die Menschen vor 1 Million Jahren war das Feuer zunächst kein langersehntes Geschenk. Sie sahen, wie es aus Vulkanen hochspritzte, wie Blitzeinschläge Bäume in Brand setzten oder herabfallende Felsbrocken bei einem Erdbeben Funken am Berg schlugen. Sie erlebten das Feuer zuerst als zerstörerische Erscheinung, die Haut und Haare verbrannte.

Aufgabe 1: Was fühlten und dachten die Menschen, wenn sie das unbekannte Feuer sahen? Wie verhielten sie sich? Kreuze deine Vermutungen an.

- [ ] Angst
- [ ] Zurückhaltung
- [ ] Freude
- [ ] Flucht
- [ ] Staunen
- [ ] Unverständnis
- [ ] Neugier
- [ ] Verstörtheit
- [ ] Jubel
- [ ] Zerstörung

Die Menschen hatten noch keine Idee, wie sie das Feuer nutzen konnten. Doch dann veränderte sich das Klima auf der Erde. Die Eisgletscher wurden immer größer und bedeckten immer mehr Land. Die Temperatur auf der Erde wurde kälter. Einige Menschen entdeckten, dass Feuer wärmt. Man durfte ihm nur nicht zu nahe kommen.

Aufgabe 2: Schreibe eine kurze Geschichte nach deinen eigenen Ideen. Die Stichpunkte könnten dir dabei helfen. Du musst sie aber nicht benutzen. Schreibe in dein Heft/in deinen Ordner.

> eisigkalt – Fellkleidung – Gewitter – Blitzeinschlag – brennen – Baum
> – spielende Kinder – neugierig – kommen näher – Entdeckung – schön
> warm – zu nahe – heiß – Sippe – erzählen – mitgehen – Freude

XIII. Die Entdeckung des Feuers

Feuer verändert die Welt

Vor 800.000 Jahren begann der erste sinnvolle Umgang mit dem Feuer. Die Menschen entdeckten die Hilfe des Feuers in kleinen Schritten. Bald erkannten sie, dass das Fleisch der erlegten Tiere weicher und schmackhafter war, wenn man es an einem Stock über einer Feuerstelle briet. Die Feuerstellen mussten bewacht werden, denn das Feuer durfte nicht ausgehen. Wie man Feuer selbst machte, kannten die Menschen noch nicht.

Vor 8000 Jahren gelang es den Menschen endlich, selbst Feuer herzustellen. Sie steckten einen harten Holzstab in die Mulde eines weichen Holzstückes. Durch die quirlende Bewegung entstand Reibung und damit Hitze. Das Holz beginnt zu glimmen. Sie gaben etwas trockenes Gras in die glimmende Mulde, das zu brennen begann.

Aufgabe 3: *In einer Höhle in Frankreich fand man das älteste Lagerfeuer. Es war 750 000 Jahre alt. Auf dem Boden lag eine 6,70 Meter dicke Ascheschicht. Finde eine Erklärung und notiere sie.*

Aufgabe 4: *Mache Feuer wie die Menschen vor 8000 Jahren.*

Du brauchst:
- 1 weiches Holzstück mit einer kleinen Mulde
- 1 harten Holzstab
- etwas sehr trockenes Gras

So geht es:

- Stelle den Holzstab in die Mulde des Holzstückes.
- Drehe ihn sehr schnell zwischen den Handflächen hin und her, bis die erste Glut entsteht.
- Lege etwas trockenes Gras in die Mulde.
- Drehe den Holzstab weiterhin so lange hin und her, bis Feuer entsteht.
- Gib zwischendurch immer wieder etwas trockenes Gras auf die Glut.

Seite 63

XIII. Die Entdeckung des Feuers

Freund und Helfer

Im Laufe der Jahrhunderte merkten die Menschen, wie nützlich die Entdeckung des Feuers war. Doch nicht immer war das Feuer Freund und Helfer, sondern es konnte auch viel Schaden anrichten.

Aufgabe 4: *Trage in die entsprechende Spalte ein.*

es rodet Wälder für den Ackerbau – es brennt Häuser ab – es wärmt – es bringt Licht – es hält wilde Tiere fern – es macht Nahrung essbarer – es vertreibt das Böse (Bibel!) – der Rauch vertreibt Insekten – es vermittelt Signale – es verbrennt Haut und Haare – es entzündet leicht Benzin und andere gefährliche Stoffe – es erleichtert die Metallbearbeitung – es verbrennt Müll

Feuer als Freund	Feuer als Feind

Aufgabe 5: **a)** *Lies den Anfang der Prometheus-Sage und schreibe das Ende nach deiner Idee.*

b) *Informiere dich danach über das tatsächliche Ende der Sage.*

Prometheus gehörte den griechischen Göttern an. Er unterrichte die Menschen auf der Erde. Er zeigte ihnen, wie man Häuser baut, sät, erntet, zählt und schreibt. Nur das Feuer fehlte den Menschen noch.
Zeus, der oberste griechische Gott, saß auf seinem Thron im Olymp. Er hasste Prometheus und die Menschen. Deshalb verbot er Prometheus, ihnen das Feuer vom Olymp auf die Erde zu bringen. Zeus wollte verhindern, dass die Menschen das Feuer als Helfer nutzten.
Doch Prometheus wusste Rat. Er wartete auf den Gott der Sonne mit seinem Feuerwagen. Als der Wagen vorbeifuhr, zündete Prometheus einen Stock an einem der Räder an und brachte das Feuer zur Erde herab.
Als Zeus den Trick bemerkte, bestrafte er Prometheus fürchterlich.

XIV. Die Lösungen

Kapitel I Was sind Entdecker?

Aufgabe 2: Entdeckung: Amerika, Sternbilder, Lichtgeschwindigkeit, Ägyptische Königsgräber, Australien, Heilpflanzen, Kartoffel, Indianer, Ötzi
Erfindung: Kochtopf, Zentralheizung, Geschirr, Kerzenlicht, Spiegel, Messer, Fahrrad

Aufgabe 3: Individuelle Lösungen.

Kapitel II Christoph Kolumbus

Aufgabe 1: b) Portugal, Marokko, Mauretanien, Senegal, Kamerun, Gabun, Angola, Namibia, Südafrika, Mosambik, Malawi, Tansania, Kenia, Somalia, Jemen, Oman, Pakistan, Indien

Aufgabe 2: c) Kolumbus dachte, dass die Erde kleiner und Asien größer sei.

Aufgabe 3: Individuelle Lösungen.

Aufgabe 4: Name: Christoph Kolumbus; Geburtsjahr: 1451; Geburtsort und -land: Genua, Italien;
Beruf des Vaters: Weber; Sterbejahr: 1506; Sterbeort und -land: Valladolid, Spanien; Beruf: Seefahrer;
Letzter Wohnort: Spanien; Idee: einen Seeweg nach Indien finden; Geldgeber: Königin Isabella I. von Spanien

Aufgabe 6:

Palos de la Frontera

Kanarische Inseln

Aufgabe 7:

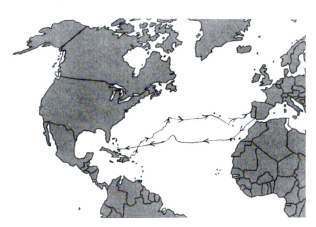

Aufgabe 8: Sie dauerte 41 Tage. Sie segelten am 3. August 1492 los und kamen am 5. August auf den Kanarischen Inseln an. Die Reparatur der Pinta dauerte vom 6. August bis zum 4. September. Am 5. September 1492 segelten sie los und kamen am 12. Oktober in San Salvador an.

Aufgabe 9:
a) Er glaubte, in Indien angekommen zu sein.
b) Er nannte sie Indianer, da er sich in Indien wähnte.
c) Die Santa Maria lief auf Grund.
d) Die Mannschaft errichtete eine Siedlung aus den Holztrümmern des Schiffes.
e) Sie benötigten 59 Tage für die Rückreise.

Aufgabe 10:

A	F	F	G	T	Z	U	I	L	O
P	P	A	P	A	G	E	I	E	N
F	H	T	Z	O	P	L	E	T	S
N	M	K	O	L	S	A	D	C	F
A	N	I	N	D	I	A	N	E	R
D	H	U	O	I	L	X	B	T	Z
K	A	F	F	U	Z	T	R	E	P
K	A	R	T	O	F	F	E	L	N
L	S	A	X	Q	B	V	C	U	J
A	L	K	O	R	A	L	L	E	N
F	R	U	E	C	H	T	E	T	T

Kartoffeln
Früchte
Indianer
Korallen
Papageien

XIV. Die Lösungen

Aufgabe 11: Die Kartoffel bewahrte viele Menschen in Europa vor massiven Hungersnöten, da sie nach anfänglicher Skepsis zu einem Grundnahrungsmittel wurde. Sie hat den Vorteil, dass sie nicht anfällig für Krankheiten oder Ernteausfälle ist.

Kapitel III Amerigo Vespucci

Aufgabe 1: a) Florenz; b) Berufe; c) Entdecker; d) Amerika; e) Suedamerika; f) Kontinent
Lösungswort: Kolumbus

Aufgabe 2: Vespucci erkannte, dass es sich um einen neuen Kontinent handelte. Kolumbus dachte, er hätte den Seeweg nach Indien und Indiens vorgelagerte Inseln gefunden. Deswegen nannter er sie auch „Westindische Inseln".

Aufgabe 3: Individuelle Lösungen.

Aufgabe 4: Lorenzo Pietro de Medici war einer der reichsten und mächtigsten Männer in Florenz, er stammte aus der angesehenen Familie der Medicis. Zudem war er Vespuccis Arbeitgeber und Sponsor für dessen Expeditionen nach Süd- und Mittelamerika. Vespucci unterrichtete ihn von seinen Erfolgen per Brief, da Vespucci in Spanien war, Medici sich aber in Florenz in Italien aufhielt.

Aufgabe 5: Kolumbus glaubte, den Seeweg nach Indien gefunden zu haben. Er war der Meinung, diese Inseln lägen vor dem indischen Festland. Deshalb nannte er sie die westindische Inseln (von Europa aus gesehen).

Aufgabe 6: Sein Leben lang blieb Kolumbus bei der Meinung, in Westindien gelandet zu sein. Er entdeckte aber in Wirklichkeit die Inseln des amerikanischen Kontinentes. Vespucci landete dagegen tatsächlich auf dem Kontinent, und zwar in Südamerika. Dort erforschte er die Ostküste. Somit ist Kolumbus zeitlich zwar der erste Entdecker, aber erst Vespucci erkannte, dass es sich um einen ganz neuen Kontinent handelt. Damit sind im Prinzip beide an der Entdeckung beteiligt, auch wenn nach dem Gerichtsurteil schließlich Kolumbus als Entdecker Amerikas festgelegt wurde. Dennoch bleibt Vespucci der Namensgeber Amerikas.

Aufgabe 7:
a) Die erste Reise: 1499-1500. Die zweite Reise: 1501-1502.
b) Es wurden Landkarten der „Neuen Welt" angefertigt.
c) Vespucci starb am 22. Februar 1512 in Sevilla (Spanien).

Aufgabe 8:

F	E	D	U	I	K	I	A	M	E	R	I	G	O	B	E	M	D	W	B	F
H	V	E	S	P	U	C	C	I	B	E	D	F	L	O	R	E	N	Z	R	E
E	R	S	P	A	N	I	E	N	K	I	O	W	S	A	F	D	J	E	I	D
V	E	S	T	G	I	K	O	R	E	X	P	E	D	I	T	I	O	N	E	N
S	E	E	F	A	H	R	E	R	B	E	S	D	O	K	P	C	G	E	F	I
G	S	U	E	D	A	M	E	R	I	K	A	B	F	E	Z	I	H	Z	E	K

Kapitel IV Howard Carter

Aufgabe 2:
a) Der größte Fluss Afrikas heißt Nil.
b) Die Hauptstadt Ägyptens heißt Kairo.
c) Die überwiegende Fläche in Ägypten besteht aus Sand.

Aufgabe 3: Lösung siehe Karte rechts.

Aufgabe 4:
a) Er wurde etwa 1341 v. Chr. geboren und starb 1323 v. Chr..
b) Tutanchamun wurde etwa 18 Jahre alt.
c) Die Abkürzung v. Chr. bedeutet „vor Christus".
d) Tutanchamun regierte von etwa 1332 bis 1323, also 9 Jahre.

Aufgabe 5: Individuelle Lösungen.

Aufgabe 6: Individuelle Lösungen.

Aufgabe 7: Individuelle Lösungen.

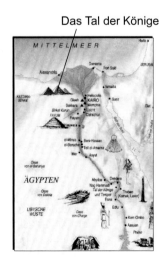

Das Tal der Könige

XIV. Die Lösungen

Aufgabe 9:

L	I	E	G	E	N	F	U	S	T	R	U	H	E	N	Q	R	B	R	O	T
A	D	G	O	L	D	S	C	H	M	U	C	K	X	S	T	Ü	H	L	E	Y
K	F	I	G	U	R	E	N	L	D	P	O	R	U	D	E	R	I	C	D	A
S	P	I	E	L	B	R	E	T	T	E	R	H	O	S	P	F	E	I	L	E
L	E	S	A	N	D	A	L	E	N	S	A	T	R	O	M	P	E	T	E	Y
S	A	L	B	E	N	X	S	C	H	W	E	R	T	V	H	O	C	K	E	R

Liegen, Truhen, Brot, Goldschmuck, Stühle, Figuren, Ruder, Spielbretter, Pfeile, Sandalen, Trompete, Salben, Schwert, Hocker

Kapitel V — Marco Polo

Aufgabe 2: Elfenbein, Goldschmuck, Ingwer, Muskat, Nelken, Pfeffer, Seidenstoffe

Aufgabe 3:
a) Marco Polo war 17 Jahre alt.
b) Die Reise dauerte 4 Jahre.
c) Siehe Karte rechts.

Aufgabe 4: Individuelle Lösungen.

Aufgabe 5: Die Täfelchen waren eine Art Reisepass, damit die Polos unbeschadet durch das Reich des Khans kamen.

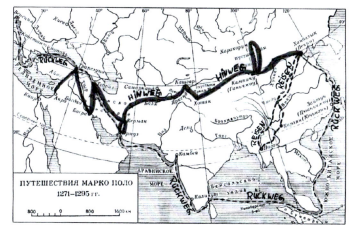

Aufgabe 6:
a) Lösung siehe Karte rechts.
b) China, Indonesien, Sri Lanka, Indien, Persien, ...

Aufgabe 8: Individuelle Lösungen.

Aufgabe 9: Individuelle Lösungen.

Aufgabe 10: a) Muskat; b) Asien; c) Kurier; d) China; e) Mongolei; f) Polo; g) Nicolo; h) Nelken; i) Maffeo; Lösungswort: Marco Polo

Aufgabe 11: Marco Polo entdeckte durch seine Reisen Handelswege nach Asien und die Hochkultur Asiens.

Kapitel VI — Andreas Sigismund Marggraf

Aufgabe 1:
a) Der Rohrzucker musste auf weiten Wegen mit dem Schiff oder über Land transportiert werden. Der Transport war teuer, weil alle Menschen, die am Transport beteiligt waren, bezahlt werden mussten. Das verteuerte den Zucker beim Verkauf in Europa.
b) Das Klima in Europa ist für den Anbau von Zuckerrohr nicht geeignet.

Aufgabe 2:
a) Die Arbeit wurde von Sklaven verrichtet.
b) Weil es keine Alternative gab und jeder, der gerne Süßes wollte, Rohrzucker kaufen musste.
c) Die Sklaven waren billige Arbeitskräfte, weil sie keinen Lohn bekamen. Durch das Anlegen von Plantagen war nun genug Rohrzucker für die Zuckerverarbeitung vorhanden.
d) Individuelle Lösungen.

Aufgabe 3: a) In folgender Reihenfolge: Gedanken, Pflanzen, süßen, Versuchen, einige, Zucker, Zuckerrohr, Salz, zubereitet, Gegenden

Aufgabe 4: Individuelle Lösungen.

Aufgabe 5: Preußen musste umgerechnet ca. 19 Millionen Euro bezahlen.

Aufgabe 6:
a) Händler und Kreuzfahrer brachten den Rohrzucker vor 900 Jahren nach Europa.
b) Christoph Kolumbus brachte das Zuckerrohr nach Amerika.
c) Sklaven wurden gezwungen, ohne Lohn auf den Zuckerrohrplantagen zu arbeiten.
d) Andreas Sigismund Marggraf entdeckte den Zucker in der Runkelrübe.
e) Die industrielle Verwertung der Zuckerrübe begann im Jahre 1802.
f) Heute wird der europäische Zuckerbedarf immer noch größtenteils mit Zucker aus der Zuckerrübe gedeckt.

XIV. Die Lösungen

Kapitel VII   Galileo Galilei

Aufgabe 1: b) <u>Richtige Begründungen</u>: Sie ist schwer. Die Erde zieht sie an. Sie durchschneidet die Luft schneller. Der Luftwiderstand ist geringer.

Aufgabe 2: a) Das Papierstück wird auf den Rücken der Streichholzschachtel abgelegt.
b) Beide Teile fallen gleich schnell zu Boden.

Aufgabe 4: Das Papierstück fällt im Windschatten der Streichholzschachtel zu Boden, deshalb hat sie keinen Luftwiderstand.

Aufgabe 5: Beide Teile fallen gleich schnell zu Boden. In einem Vakuum gibt es keinen Luftwiderstand.

Aufgabe 6: Er hatte herausgefunden, dass sich angeblich alle Planeten – auch die Sonne – um die Erde drehen.

Aufgabe 7: Er wollte herausfinden, wie sich die Planeten bewegen.

Aufgabe 8: a) Die Sonne bewegt sich nicht.
b) Der Sonne am nächsten liegt der Merkur.
c) Zwischen Sonne und Erde befinden sich Merkur und Venus.
d) Der Pluto hat die längste Laufbahn um die Sonne.
e) Der Merkur hat die kürzeste Laufbahn um die Sonne.
f) Sehr nahe kommen sich die Laufbahnen von Neptun und Pluto.

Aufgabe 9: Individuelle Lösungen.

Kapitel VIII   James Cook

Aufgabe 2: Da es noch keine Radargeräte oder andere Möglichkeiten zur Orientierung gab, mussten die Seeleute die Sterne kennen. Sie waren die einzige Navigationshilfe.

Aufgabe 3: a) James Cook war zu diesem Zeitpunkt 28 Jahre alt.
b) Cook konnte sehr gut Landkarten zeichnen.

Aufgabe 4: c) Wenn bekannt gewesen wäre, was Cook vorhat, wären andere Menschen vielleicht auch auf die Idee gekommen, das gleiche zu tun.

Aufgabe 5: <u>In folgender Reihenfolge</u>: Schiffe, Reise, Kohlentransporter, Stauräume, Vorräten, Vieh, Bier, Wetter, Laune, Schiffsrumpf, Beiboote

Aufgabe 7: b) Afrika, Australien, Neuseeland, Tahiti, Hybriden, Südamerika

Aufgabe 9: James Cook kam auf Haiti ums Leben.

Aufgabe 10: <u>Reise 1</u>: Start in Plymouth, entlang der Nordwestafrikanischen Küste Richtung Südamerika, über Rio de Janeiro und das Kap Hoorn in den Pazifik, Tahiti, Neuseeland, Westküste Australien, Neu Guinea, Indonesien, durch den Indischen Ozean nach Südafrika, entlang der afrikanischen Westküste durch den Atlantik zurück nach Plymouth.
<u>Reise 2</u>: Start in Plymouth, Kapstadt, durch den Indischen Ozean Kurs auf Kap Circumcision, Überquerung des südlichen Polarkreises, Neuseeland, Cook Island, Neuseeland, Pazifik, Tahiti, Neue Hebriden, Neuseeland, Richtung Südamerika, Kap Hoorn, Richtung Südafrika, entlang der westafrikanischen Küste Richtung Plymouth
<u>Reise 3</u>: Start in Plymouth, über Teneriffa nach Südafrika, Kerguelen, Neuseeland, Tasmanien, Tongatapu, Tongainseln, Gesellschaftsinseln, Tahiti, Kiritimati, Kauai, Hawaii, vor der Küste Oregons, einmonatiger Landaufenthalt bei Resolution Cove, Hope Bay, dann nordwärts entlang der Küste zu den Aleuten, Beringstraße, Kap Deschnjow (vor Asien), Unalaska, Kamtschatka, Hawaii, Tod Cooks, dann Rückkehr über Petrowalowsk, dann Rückkehr nach England durch den fernen Osten, den Indischen Ozean bis nach Südafrika, von dort entlang der westafrikanischen Küste durch den Atlantik zurück nach Plymouth

Aufgabe 11: Individuelle Lösungen!

Aufgabe 12: Cook entdeckte zahlreiche Inseln, unter anderem Neuseeland, und kartographierte sie.

XIV. Die Lösungen

Kapitel IX   David Livingstone

Aufgabe 3: In folgender Reihenfolge: Nordosten, Frage, Rauch, Ferne, Lärm, Minuten, Rauchsäulen, Meilen, Rauch

Aufgabe 4: Individuelle Lösungen.

Aufgabe 5: Individuelle Lösungen.

Kapitel X   Fabian Gottlieb von Bellingshausen

Aufgabe 2: a) In folgender Reihenfolge: Leiter, Schiff, Hinreise, Tagen, Pazifischen, Antarktis, Entdecker, Expedition

Aufgabe 3: c) Fabian von Bellingshausen musste eine Strecke von ca. 14.500 km zurücklegen.

Aufgabe 4:

Die niedrigste Temperatur betrug ...	... -50°.	... -89°.	... -40°.
Hier herrscht das kälteste Klima der Erde.	stimmt	stimmt nicht	vielleicht
Man nennt die Antarktis auch ...	... Eiskammer.	... Eisschrank.	... Eiswüste.
Das höchste Gebirge ist ...	... 4000 m hoch.	... 3000 m hoch.	... 5000 m hoch.
Die Eisdecke ist durchschnittlich ...	... 1000 m dick.	... 2000 m dick.	... 3000 m dick.
In der Antarktis gibt es keinen Sommer.	stimmt	stimmt nicht	vielleicht
Die stärkste Windgeschwindigkeit kann ...	... 300 km/h betragen.	... 100 km/h betragen.	... 50 km/h betragen.
Die Antarktis gehört zu keinem Land.	stimmt	stimmt nicht	vielleicht

Kapitel XI   Johann Gregor Mendel

Aufgabe 1: Mögliche Lösung: Johann Gregor Mendel wurde am 22. Juli 1822 als Sohn einer Bauernfamilie in Heinzendorf (heute Hyncice/Tschechien) geboren. Er besuchte das Gymnasium. Im Jahre 1838 hatte der Vater einen schweren Arbeitsunfall und wurde arbeitslos. Infolgedessen konnten die Eltern das Schulgeld fürs Gymnasium nicht mehr bezahlen, weswegen Johanns Schulausbildung gefährdet war. Um weiterhin das Gymnasium besuchen zu können, gab Mendel Nachhilfeunterricht und beendete trotz großer finanzieller Schwierigkeiten im Jahre 1840 erfolgreich das Gymnasium. Der Schulausbildung schloss sich im Jahre 1843 ein Studium der Theologie an der Universität in Olmütz an. Nach erfolgreichem Abschluss des Studiums ergriff er den Beruf des Theologen. Da er weiterhin große finanzielle Sorgen hatte, trat er ins Augustinerkloster bei Brünn ein, um ohne finanzielle Sorgen forschen zu können. Er erhielt den Namen Gregor. Im Jahre 1851 begann er ein Studium der Naturwissenschaften an der Universität in Wien, das er 1853 beendete. Im Jahre 1854 wurde er Lehrer für Physik und Naturlehre an der deutschen Oberrealschule in Brünn. In den Jahren 1854 bis 1864 erforschte er die Vererbung durch Kreuzung verschiedener Erbsensorten im Klostergarten. Dabei stellte er drei Vererbungsregeln auf. Wegen seiner intensiven Forschungsarbeit mit Erbsen bekam er von seinen Klosterbrüdern den Beinamen „Erbsenzähler". Im Jahre 1868 wurde er zum Abt des Klosters gewählt, deswegen beendete er seine Forschungsarbeiten. Johann Gregor Mendel starb am 6. Januar 1884.

Aufgabe 2: a) Mendel erforschte die Vererbungslehre durch das Kreuzen verschiedener Erbsensorten im Klostergarten, daher sein Beiname „Erbsenzähler".
b) Mendel formulierte drei gültige Vererbungsregeln.

Aufgabe 3: Jede Pflanze hat nur 490 cm².

Aufgabe 4: Die Nachkommen sind RW, RW, RW, RW. Da rot dominant ist, werden alle Pflanzen auch rot, tragen aber auch die weißen Erbanlagen in sich. Rot und Weiß vermischen sich. Die Nachkommen sind rosa (siehe rechts).

	RR	
W	RW	RW
W	RW	RW

Aufgabe 5: a) Da rot dominant ist, werden zwei Pflanzen rot, aber zwei können auch weiß werden.
b) Da rot dominant ist, werden drei Pflanzen ebenfalls rot und eine kann weiß werden.

a)
	RR	
W	RW	WW
W	RW	WW

b)
	RR	
W	RR	WR
W	RW	WW

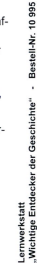

XIV. Die Lösungen

Aufgabe 6: GG = große Pflanze; Gk = große Pflanze; Gk = große Pflanze; kk = kleine Pflanze

Aufgabe 7: a) Nein, er konnte nur eine kleine Pflanze züchten.
b) Zwei Pflanzen sind mischerbig (Gk) und zwei Pflanzen sind reinerbig (GG und kk).

Aufgabe 8:

	RG	Rg	rG	rg
RG	runde gelbe Erbse	runde gelbe Erbse	runde gelbe Erbse	runde gelbe Erbse
Rg	runde gelbe Erbse	runde grüne Erbse	runde gelbe Erbse	runde grüne Erbse
rG	runde gelbe Erbse	runde gelbe Erbse	runzelige gelbe Erbse	runzelige gelbe Erbse
rg	runde gelbe Erbse	runde grüne Erbse	runzelige gelbe Erbse	runzelige grüne Erbse

Er konnte eine runzelige grüne Erbse züchten. Rr konnte drei runde grüne Erbsen züchten. Er konnte sogar drei runzelige gelbe Erbsen züchten.

Kapitel XII Leif Eriksson

Aufgabe 2: In folgender Reihenfolge: Küsten, Wikinger, Totschlag, Gesetze, Strafe, Beklagte, Vater, Streit, Island, Familie

Aufgabe 5:

G	D	R	E	V	S	O	K	P	L	A	D	E	G	Z	U
H	I	Z	U	B	I	R	K	E	N	W	Ä	L	D	E	R
K	G	G	E	D	I	K	O	P	L	S	R	H	F	W	G
E	R	F	E	D	Z	I	K	O	H	L	D	E	R	E	E
D	A	H	O	R	N	W	Ä	L	D	E	R	D	E	I	D
T	S	G	E	D	Z	I	P	L	S	E	V	F	T	N	R
U	S	E	D	F	L	U	S	S	L	A	C	H	S	E	I

Wein
Ahornwälder
Birkenwälder
Gras
Flusslachse

Aufgabe 6: a) Er hatte von einem Land im Westen gehört und wollte es finden.
b) Ein Langboot braucht nur 80 cm Wasser unter dem Kiel.
c) Leif entdeckte Steinland und Vinland und damit viel Holz und Wein, welche er mit nach Hause brachte.

Aufgabe 7: Vögel fliegen zum Festland hin. Bei dem ersten Raben waren sie noch nicht weit genug von ihrem Festland entfernt, aber zu weit von anderen Ländern. Der Rabe flog den kürzesten Weg zu einem Festland. Bei dem zweiten Raben war jedes Festland zu weit entfernt. Er flog deshalb zum Schiff zurück. Bei dem dritten Raben waren sie weit genug an die Insel Island herangekommen. Deshalb flog der Rabe dorthin.

Aufgabe 8: Von oben nach unten (von links nach rechts): Island, Canada, Island, Nordamerika, Island, Schweden, Island, Nordamerika, Nordamerika

Kapitel XIII Die Entdeckung des Feuers

Aufgabe 1: Zutreffende Verhaltensweisen: Angst, Zurückhaltung, Flucht, Staunen, Unverständnis, Neugier, Verstörtheit, Zerstörung

Aufgabe 2: Individuelle Lösungen.

Aufgabe 3: Das Feuer entwickelte Asche. Da das Feuer nie ausgehen durfte, kam jeden Tag eine Menge Asche zusammen, die auf den umliegenden Boden fiel. So wurde die Ascheschicht auf dem Boden jeden Tag und jedes Jahr ein Stückchen höher.

XIV. Die Lösungen

Aufgabe 4: Feuer als Freund: es rodet Wälder für den Ackerbau – es wärmt – es bringt Licht – es hält wilde Tiere fern – es macht Nahrung essbarer – es vertreibt das Böse – der Rauch vertreibt Insekten – es vermittelt Signale – es erleichtert die Metallbearbeitung - es verbrennt Müll
Feuer als Feind: es brennt Häuser ab – es verbrennt Haut und Haare – es entzündet leicht Benzin und andere gefährliche Stoffe

Aufgabe 5: b) Zeus kettete Prometheus an einen Berg. Ein Adler musste ihm jeden Tag ein Stück Fleisch aus seinem Körper reißen.

Geschichte & Zeitgeschehen

Die Steinzeit

Aus dem Inhalt: *Mit dem Fahrstuhl in die Steinzeit; Jungsteinzeit; Steinwerkzeuge; Die Erfindung von Pfeil und Bogen; Umwelt und Natur in der Steinzeit; Camping im Alltag; Wir fangen ein Mammut; Ernährung in der Steinzeit; Das Ende der Steinzeit; Abschlusstest*

28 Kopiervorlg. Nr. 10 525 11,80 €

Die Zeit der Ägypter

Aus dem Inhalt: *Einführung in das Thema; Karte des alten Ägyptens; Zur Geschichte Ägyptens; Der Nil - ein Geschenk der Götter; Bau der Pyramiden; Die ägyptischen Götter; Gräber und Mumien; Die altägyptischen Schriften; Berufsgruppen; Abschlusstest*

26 Kopiervorlg. Nr. 10 526 11,80 €

Die Römer

Aus dem Inhalt: *Die Gründung Roms; Wer waren die Römer?; Römischer Alltag; Die Römer und das Wasser; Über das Leben in Rom; Römer und Germanen; Der Limes in Germanien; Woher wissen wir das alles?; Rom und seine Leistungen; Das römische Heer; Berühmte Schlachten u.v.m.*

50 Kopiervorlg. Nr. 10 819 14,80 €

Die Zeit der Griechen

Aus dem Inhalt: *Stadtstaaten und Kolonisation; Seefahrer und Handel; In der Stadt Athen; Die Wiege der Demokratie; Sparta geht einen anderen Weg; Familienleben und Kinder; Schule für alle?; Denker und Erfinder; Kunst und Architektur; Götter und Sagen*

46 Kopiervorlg. Nr. 10 679 14,80 €

Die Zeit der Ritter

Aus dem Inhalt: *Die Entstehung der Ritter; Vom Pagen zum Ritter; Die Ritterausrüstung; Ritterturniere; Der Ritter im Krieg; Die Ritterburgen; Das Leben auf der Burg; Die Erstürmung einer Burg; Die Kreuzzüge; Das Ende der Ritterzeit; Abschlusstest*

36 Kopiervorlg. Nr. 10 662 12,80 €

Das Mittelalter

Aus dem Inhalt: *Die 3 Epochen; Gesellschaft im Mittelalter; Lehnswesen; Kirche im Mittelalter; Leben in einem Kloster; Leben auf dem Land; Eine mittelalterliche Stadt; Entwicklung des Handels; Kultur und Kleidung; Erziehung und Ausbildung; Ritter und Burgen; Die Pest; Das Ende des Mittelalters*

36 Kopiervorlg. Nr. 10 663 12,80 €

Der Sonnenkönig - Absolutismus

Aus dem Inhalt: *Wer war Ludwig XIV.?; Europa im Zeichen des Absolutismus; Lebenslauf König Ludwigs XIV.; Versailles; Ein Tag am Hofe des Königs; Der Staat - das bin ich!; Merkantilismus; Manufakturen; Barock; Ludwigs Machteinfluss; Ludwigs Vermächtnis; u.v.m.*

50 Kopiervorlg. Nr. 10 708 14,80 €

Die Französische Revolution

Aus dem Inhalt: *Vor der Revolution; Einberufung der Generalstände; Versammlung im Ballhaus; Erstürmung der Bastille; Die „Augustbeschlüsse"; Trennung von Staat und Kirche; Eine neue Verfassung; Krieg gegen die Alliierten; Terrorherrschaft der Jakobiner u.v.m.*

40 Kopiervorlg. Nr. 10 688 13,80 €

Wichtige Entdecker der Geschichte

Aus dem Inhalt: *Was sind Entdecker?; Berühmte Entdecker im Laufe der Geschichte (Leif Eriksson, Kolumbus, A. Vespucci und seine besondere Rolle, Marco Polo - Wahrheit oder Lüge?); Fabian Gottlieb von Bellingshausen und die Antarktis; Howard Carter und die Gräber u.v.m.*

66 Kopiervorlg. Nr. 10 995 17,80 €

Wichtige Erfindungen und ihre Erfinder

Aus dem Inhalt: *Was macht einen Erfinder aus?; Joh. Gutenbergs Buchdruck; James Watt und die Dampfmaschine; Die Gebrüder Motgolfier; Dynamit & Schwarzpulver; Carl Benz; T. Berners-Lee und das Internet u.v.m.*

50 Kopiervorlg. Nr. 10 996 14,80 €

Die Zeit der Industrialisierung

Aus dem Inhalt: *Ein neues Zeitalter; Wie alles begann; Erfindungen; Erste Maschinen; England - treibender Motor; Überwindung der Zeit; Erste Fabriken; Arbeiten in einer Fabrik; Gesellschaft im Wandel; Die Soziale Frage; Die Auswanderungswelle; u.v.m.*

42 Kopiervorlg. Nr. 10 664 13,80 €

Als Oma und Opa noch zur Schule gingen

Aus dem Inhalt: *Die Entstehungsgeschichte der Schulen; Schule im 19. Jahrhundert; Schreiben und Lesen; Rechnen; Das Schulleben früher und heute; Schulordnung früher und heute; Interview mit Oma und Opa*

74 Kopiervorlg. Nr. 10 977 17,80 €